A ITALIANIDADE EM STENDHAL:
HEROÍSMO, VIRTUDE E PAIXÃO NAS *CRÔNICAS ITALIANAS* E EM *A CARTUXA DE PARMA*

FUNDAÇÃO EDITORA DA UNESP

Presidente do Conselho Curador
José Carlos Souza Trindade

Diretor-Presidente
José Castilho Marques Neto

Editor Executivo
Jézio Hernani Bomfim Gutierre

Conselho Editorial Acadêmico
Alberto Ikeda
Antonio Carlos Carrera de Souza
Antonio de Pádua Pithon Cyrino
Benedito Antunes
Isabel Maria F. R. Loureiro
Lígia M. Vettorato Trevisan
Lourdes A. M. dos Santos Pinto
Raul Borges Guimarães
Ruben Aldrovandi
Tania Regina de Luca

A ITALIANIDADE EM STENDHAL:
HEROÍSMO, VIRTUDE E PAIXÃO NAS CRÔNICAS ITALIANAS E EM A CARTUXA DE PARMA

LEILA DE AGUIAR COSTA

© 2003 Editora UNESP
Direitos de publicação reservados à:
Fundação Editora da UNESP (FEU)
Praça da Sé, 108
01001-900 – São Paulo – SP
Tel.: (0xx11) 3242-7171
Fax: (0xx11) 3242-7172
Home page: www.editora.unesp.br
E-mail: feu@editora.unesp.br

Dados Internacionais de Catalogação na Publicação (CIP)
(Câmara Brasileira do Livro, SP, Brasil)

Costa, Leila de Aguiar
A italianidade em Stendhal: heroísmo, virtude e paixão nas *Crônicas italianas* e em *A cartuxa de Parma* / Leila de Aguiar Costa. – São Paulo: Editora UNESP, 2003.

Bibliografia.
ISBN 85-7139-452-0

1. Características nacionais italianas 2. Stendhal, 1783-1842 – Crítica e interpretação 3. Stendhal, 1783-1842. *Cartuxa de Parma*, A – Interpretação e crítica 4. Stendhal, 1783-1842. *Crônicas italianas* – Interpretação e crítica I. Título. II. Título: Heroísmo virtude e paixão nas *Crônicas italianas* e em *A cartuxa de parma*.

03-1583   CDD-843.09

Índice para catálogo sistemático:
1. Romances: Literatura francesa:
História e crítica 843.09

Este livro é publicado pelo projeto *Edição de Textos de Docentes e Pós-Graduados da UNESP* – Pró-Reitoria de Pós-Graduação e Pesquisa da UNESP (PROPP) / Fundação Editora da UNESP (FEU)

Editora afiliada:

Asociación de Editoriales Universitarias
de América Latina y el Caribe

Associação Brasileira das
Editoras Universitárias

Para Osvaldo

SUMÁRIO

Apresentação 9

Introdução 15

1 *Brigandage* e energia 41

2 Crime como justiça 51

3 Clausura e liberdade 61

4 Espaço da feminilidade: virtude e vileza 73

5 As italianas 85

6 A questão da honra 99

7 Noite, obscuridade, comunicação 109

8 Mundo natural como simulacro de uma individualidade 121

9 O herói armado de virtude 137

10 Passionalidade e mundanismo 149

11 Natural e social. Da estética da excepcionalidade 167

Conclusão 177

Referências bibliográficas 185

APRESENTAÇÃO

"Escrevo apenas para cem leitores, para aquelas criaturas infelizes, amáveis, encantadoras, não hipócritas, não morais, às quais eu desejaria agradar. De tudo aquilo que mente para obter consideração como escritor, não faço caso algum."

(Stendhal, *De l'Amour*, 1980)[1]

A passagem que me serve de exergo interessa-me essencialmente por três motivos: inicialmente, ela traz à cena a figura de um autor que parece desempenhar um pequeno papel na literatura francesa do oitocentos, pois que seu público leitor é bastante reduzido; em seguida, ela qualifica esse mesmo leitor como ser de exceção – como o serão aliás suas personagens romanescas –, pouco afeito às convenções; enfim, ela institui esse autor, que escreve para uns poucos eleitos, não mais como simples escritor, dado a falaciosas e vulgares literatices, mas como verdadeiro literato. Típico de Stendhal, que deixou de ser o civil Henri Beyle para se assumir como autor e personagem, experimentando assim plenamente a literatura. Típico de um autor quase desconhecido de um século XIX que se iniciava em nuanças românticas e que não poderia acolher senão

---

1 A tradução das epígrafes e das citações, quando não indicada a edição nacional, é de minha autoria.

com indiferença um original desejoso de impor silêncio a seu coração e de torcer o pescoço das artificiosas e excessivas efusões do *pathos* encenado pelo romantismo. Ora, o resultado não poderia ser outro: ao longo de quase todo o oitocentos, com algumas exceções – Prosper Mérimée e Honoré de Balzac, por exemplo –, pairou efetivamente sobre a obra stendhaliana como que um interdito. Seu primeiro romance, *Armance*, publicado em 1827, e ainda de nossos dias pouco conhecido, foi considerado detestável e desacreditado publicamente, permanecendo um longo tempo no *index* das histórias literárias que o desprezavam por causa de seu escabroso motivo, o *babilanismo*, isto é, a impotência sexual do protagonista jamais abertamente enunciada ao longo de suas páginas. Seu mais conhecido romance, O *vermelho e o negro*, publicado três anos depois, chocou a todos por sua pretensa violência e seu ataque a grande parte dos valores modernos, e se repercussão conheceu, foi ela bastante efêmera e de certo modo motivada precisamente pelo escândalo de um Julien Sorel que se proclamava sem remorsos como o oponente e o agressor da ordem e das instituições. As historietas de tema italiano, postumamente reunidas sob a denominação *Crônicas italianas*, quando não publicadas em vida – "San Francesco a Ripa", "Suora Scolastica" e "Muito prestígio mata" –, aparecem em publicações periódicas como a *Revue de Paris* – "Vanina Vanini" (1829) – e a *Revue des Deux Mondes* – "Vittoria Accoramboni" (1837), "Os Cenci" (1837) "A duquesa de Palliano" (1838), "A abadessa de Castro" (1839). Enfim, seu último romance, *A cartuxa de Parma*, escrito em apenas 52 dias, publicado em 1839, três anos antes do ataque de apoplexia, em plena rua e à luz do dia, que causaria sua morte algumas horas mais tarde, valeu-lhe uma acolhida sem grandes comoções, sendo, entretanto, reconhecido por alguns de seus pares: em 1840, por exemplo, a *Revue Parisienne* publica um longo estudo de Balzac que, ao lado de sinceros elogios à obra – "uma maravilhosa lâmpada literária" –, censura-lhe, contudo, algumas imprecisões temáticas e as negligências e incorreções gramaticais, todas logo revisadas e corrigidas de bom grado por Stendhal; em 1879, Zola publica um estudo intitulado *Du roman: sur Stendhal et les Goncourt*, em que dedica páginas ao romance *Cartuxa* que enaltecem o panorama ali oferecido de todos os gêneros de amor – do "amor-vaidade até o amor-paixão" –, ainda que censure sua falta de lógica na composição e no estilo.

A partir do século XX, a crítica literária e o público leitor parecem ter sido mais receptivos a esse autor de poucos amigos, de algumas amantes e de ira declarada contra uma literatura repleta de profissionais das letras que não faziam mais do que sujar seus dedos de tinta... Mas se esse novo panorama, enfim, reconhece as qualidades literárias de Stendhal, isso se dá essencialmente graças a *O vermelho e o negro*, romance que passará a freqüentar assiduamente as páginas de estudiosos dedicados ao século XIX, as bibliotecas e as livrarias, a integrar anualmente os currículos escolares, universitários ou não, e, mesmo, a inspirar versões cinematográficas que descobrem em Julien Sorel um herói às avessas capaz de suscitar grandes simpatias.

Ora, as páginas que se seguem dirigem um olhar mais amplo sobre a obra stendhaliana. Convidam assim o leitor a uma viagem pela Itália dos séculos XVI, XVII e XVIII, guiada pelas mãos de um Stendhal que ali reconhece o espaço ideal para as mais vivas e mais sinceras manifestações passionais. Com o Stendhal das *Crônicas italianas* e de *A cartuxa de Parma*, o leitor freqüentará diversos cenários e figuras humanas, comover-se-á com insuportáveis tristezas e grandes contentamentos, revoltar-se-á com sórdidas traições, tranqüilizar-se-á com surpreendentes generosidades e altruísmos. Ele seguirá, com atenção, as aventuras de personagens que se protegem em florestas impenetráveis, combatem em sangrentos campos de batalha, lançam-se às águas lacustres agitadas, transpõem elevados muros conventuais; mas, em meio a grande agitação, têm ainda tempo de ouvir o repicar longínquo dos sinos de uma igreja, de usufruir da calmaria da escuridão noturna, de se deliciar com a vista de flores raras e de se abandonar ao pé de laranjeiras e castanheiros aromáticos. Terá, enfim, a sensação, concordando sem discutir com Stendhal, de que a Itália é efetivamente a pátria da energia e do natural. Energia e Natural que, tornados emblemáticos na sua obra romanesca, resgatam da apatia e dos interesses mesquinhos e medíocres que caracterizam o homem em geral. Energia e Natural que se vestem de heroísmo, virtude e paixão para afrontar preconceitos, hipocrisias, restrições e convenções.

Essa viagem em terras enérgicas e naturais dar-se-á por meio de onze capítulos: os sete primeiros percorrem as oito *Crônicas italianas*, os quatro últimos *A cartuxa de Parma*. O leitor acompanhará com ansiedade as ações, afetivas e militares, do "soldado de aventura" Jules Branciforte ("A abadessa de Castro"), do *carbonaro* Pietro Missirilli ("Vanina Vanini") e do napoleônico Fabrice del Dongo (*A cartuxa de Parma*): todos os três procuram se impor perante um social que lhes recusa a plena satisfação de seus desejos. O leitor também se entristecerá com as desventuras amorosas de Hélène de Campireali ("A abadessa de Castro"), de Rosalinde Bissignano ("Suora Scolastica") e Clélia Conti (*A cartuxa de Parma*): a todas as três, vítimas da instituição religiosa e familiar, reserva-se um destino trágico, o desvario ou a morte. O leitor poderá, ainda, surpreender-se com as atitudes extremas de Béatrix Cenci ("Os Cenci") e da duquesa de Sanseverina (*A cartuxa de Parma*) que recorrem ao assassinato, a primeira de seu pai, a segunda de seu monarca – morte pois à autoridade –, a fim de assegurar seja a própria vida seja a de seu protegido, por quem amor experimenta. Outras tantas figuras vagueiam pelas *Crônicas* e pela *Cartuxa*. Mas todas parecem atribuir ao tipo italiano de Stendhal uma marca determinante: o heroísmo, a virtude, a paixão e outros afetos – a ira, a revolta, a abnegação, o altruísmo para citar alguns – são tantos estados afetivos inventados pela tessitura romanesca. O leitor será então abalado, perturbado, inquietado por movimentos anímicos que o farão descobrir que os estados afetivos que julgava conhecer em nada se assemelham àqueles que movem as personagens italianas das *Crônicas* e da *Cartuxa*; e ele talvez ruborize diante desses inventados e criados por um grande autor. O leitor então estará apto a perceber que, inovadora que é, a máquina ficcional stendhaliana – como as personagens que a fazem funcionar – foge do ordinário, desvia a linguagem de seu sentido comum, confecciona temas e figuras prodigiosos.

Que se diga resumidamente: os onze capítulos deste estudo, seguindo os traços da italianidade em Stendhal em seus variados registros – da conformação da energia à busca da convivência entre universo natural e universo social, passando pela energética das sensações e da espacialidade –, buscam confirmar o tipo italiano como criatura que, em meio à afetação, ao poder e à opressão, descobre uma real natureza e uma verdadeira identidade. E que uma e outra não podem se realizar senão no amor: nesse amor que, em seus mais diversos matizes, é italiano, pois que a Itália é Amor e Paixão.

Viagem deleitosa, surpreendentes descobertas e animadas sensações: é tudo o que se pode desejar ao leitor, que se espera curioso e ávido de tipos e paisagens romanescos de exceção.

*

Este estudo foi originariamente apresentado na forma de uma dissertação de mestrado defendida em finais de 1990. Primeiro trabalho acadêmico de fôlego. Voltando a ele anos depois, redescubro a juventude passada nos bancos universitários, capaz de produzir textos entusiasmados, por isso mesmo plenos de virtudes e... vícios. Este *A italianidade em Stendhal*: heroísmo, virtude e paixão nas *Crônicas italianas* e em *A cartuxa de Parma* não é diferente. Mais de dez anos depois, após a obtenção de um doutorado no exterior, talvez eu o pensasse e escrevesse de outra maneira. Mas é texto de juventude, e a juventude apenas se escreve, não se reescreve, tampouco se recupera. Por isso, faço como o próprio Stendhal, e tantos outros em seus prefácios: solicito a indulgência e a paciência do leitor. Sobretudo porque este é texto ainda muito tributário de uma perspectiva teórica considerada por muitos críticos pouco teórica, cujos expoentes eram todos independentes: a crítica temática. Leitores mais presos a categorias críticas bastante precisas talvez se incomodem então com aquelas que poderiam ser consideradas as duas maiores deficiências desse texto: as muitas citações e um comentário que, por vezes, pouco se afasta do discurso primário, isto é, das passagens stendhalianas que releva. Outros talvez acrescentem que procedo aqui a uma leitura inspirada na simpatia, pois que, no ato de ler, confundo-me com o autor: para parafrasear Georges Poulet, um dos mais eminentes críticos temáticos, quando leio Stendhal, é Stendhal que se lê e se pensa em mim.

Estas censuras, assim como outras que eventualmente este trabalho suscitar, todas elas sempre bem-vindas, não devem, contudo, retirar o mérito de um percurso que primaria, essencialmente, por seu olhar generoso. Dando a (re)descobrir a obra "italiana" de Stendhal, com seu estilo e temas que inauguram uma das modalidades da modernidade, quem se beneficiará é justamente aquele leitor que se deixar livremente levar pelos fluxos e refluxos da energia do discurso stendhaliano.

INTRODUÇÃO

"O espírito de Beyle revoltava-se contra todo constrangimento e mesmo contra toda autoridade."

(Mérimée, *Notes et souvenirs*)

"Experimento, com minha viagem à Itália, uma sensação de felicidade que jamais encontrei em momento algum, nem mesmo nos mais felizes dias de minha ambição ... Vejo claramente o conjunto dos costumes italianos: eles me parecem bem mais favoráveis que os nossos à felicidade. Vejo que o que me comove é a bonomia geral e o natural."

(Stendhal, *Rome, Naples et Florence*)

A odisséia stendhaliana em terras de Itália, seguidamente interrompida por retornos ao mundo "petrificado e negro do Norte", (Stendhal, 1964b, p.205) imprimiu, por assim dizer, posturas éticas e características estéticas a toda uma produção romanesca que se imporia como severa crítica e mesmo recusa da sociedade francesa de princípios do oitocentos. Turista ou embaixador, Stendhal esforça-se por encontrar na realidade da península e junto à sua gente uma atmosfera quase "celeste",[1] não mais presente ou irremediavel-

---

1 Esse ar, essa atmosfera celeste aliam-se à felicidade, ou, ao menos, à sua busca. A Itália é pátria ideal dessa possibilidade, fortalecedora da alma: "recomeçaria minha viagem se devesse uma vez mais fazê-la. A velhice moral recuou para

mente perdida no universo parisiense, naquele mundo do norte onde a "vida é cansativa" (Stendhal, s. d., p.271), império da ausência de naturalidade e espontaneidade, e onde são aceitos apenas aqueles que se dedicam à conformidade dos costumes e às conveniências, à hipocrisia e à afetação. Nesse sentido, pode-se afirmar que a produção stendhaliana se ergue como exame de consciência de toda uma época e geração,[2] pois que o panegírico italiano deve ser compreendido como repúdio definitivo do caráter francês. É o próprio Stendhal quem afirma, explicitando todo seu encanto e interesse pelo país de suas supostas origens maternas:[3]

> As pessoas daqui não passam sua vida a julgar sua felicidade. *Mi piace* ou *no mi piace* é a grande maneira de decidir tudo. A verdadeira pátria é aquela onde se encontra o maior número de pessoas que se assemelham a nós. Temo encontrar na França um fundo de frio em todas as companhias. Experimento, nesse país aqui, um encanto que não posso me explicar; é como o amor. (Stendhal, 1964b, p.139)[4]

---

mim de dez anos. Senti a possibilidade de uma nova felicidade. Todos os mecanismos de minha alma foram alimentados e fortificados; sinto-me rejuvenescido. As pessoas secas nada mais podem contra mim; conheço a terra onde se respira esse ar celeste do qual negam a existência, sou de ferro para ele" (Stendhal, 1964b, p.216).

2 Ver a esse respeito Albérès (1962).

3 Existe em Stendhal uma certa recusa da filiação paternal, isto é, do lado Beyle; é sua filiação maternal que se impõe. Aliás, o instrumento básico e de apoio da crítica psicanalítica que se debruça sobre a produção stendhaliana é a compreensão da recusa do *pater* e do predomínio da *mater*, figura irremediavelmente ligada às origens italianas em razão do nome Gagnon, que viria de Guadagni ou Guadaniano. A Itália seria assim terra *mater*, terra *amoris*.

4 Em *Vie de Henry Brulard*, espécie de autobiografia, Stendhal investe a Itália, paraíso terrestre, país romanesco eleito, em terra originária, terra materna. A passagem é longa, mas merece ser citada *in extenso* em razão de seu valor paradigmático: "Minha tia Elisabeth contou-nos que éramos originários de um país ainda mais belo que a Provence (isto é, os Gagnon), que o avô de seu avô, após uma circunstância bastante funesta, viera esconder-se em Avignon ... lá, ele fora obrigado a mudar seu nome e a se esconder, tendo até então vivido do ofício de cirurgião. Com o que hoje conheço da Itália, eu traduziria do seguinte modo: um Guadagni ou Guadaniamo, tendo cometido algum pequeno assassinato na Itália viera a Avignon por volta de 1650 ... O que na ocasião muito me surpreendeu é que vínhamos (pois me via como um Gagnon e não pensava nunca no Beyle senão com uma repugnância que perdura ainda em 1835), que éramos de um país onde as laranjeiras crescem em plena terra.

Tal postura parece deixar claro que a Itália que se revela aos olhos de Stendhal deixa de pertencer exclusivamente ao domínio do real e histórico, sobretudo aquela que se delineia em parte de sua obra romanesca. Ela transforma-se, antes, em universo favorável ao autor, porque nele se identifica ou porque ali encontra vontades e anseios comuns aos seus, permitindo-lhe, pois, fugir da espécie de náusea que sente, não apenas da sociedade a que forçosamente pertence, mas também de sua época. Goethe já dissera que "o romance é uma epopéia subjetiva na qual o autor assume a liberdade de pintar o universo a sua maneira"[5] (apud Albérès, 1962, p.248). Portanto, imagem e realidade, romanesco e experiência confundem-se na representação de uma humanidade ideal e desejada, em que imperam os verdadeiros valores.

Todo o edifício italiano de Stendhal é construído sobre a noção que se transformaria em motivo último da ética beylista: a naturalidade, ou, o estado natural. Apologia do Eu, o natural é tudo aquilo que permite a uma individualidade fugir às limitações e constrangimentos impostos pelas regras e usos do social, agente corruptor e enfraquecedor da vontade humana. Esse social opressivo e inexpressivo institui códigos e leis que pretendem aniquilar o espontâneo e o generoso, o determinado e o heróico; enfraquecer, enfim, "o homem que vive para que a linha de sua vida seja pura" (Albérès, 1962, p.248). Vida que é virtuosa, porque livre. Que busca sempre se governar e se dar forma.

Esse é o tom que o grenoblês pretendera imprimir não apenas às suas personagens, mas igualmente a si próprio. Significativo, pois, o fato de se denominar em sua autobiografia Henri Brulard –

Que país de delícias, pensava eu! O que me confirmava essa idéia de origem italiana era o fato de a língua desse país ser recebida com grande honra na família, coisa bastante singular em uma família burguesa de 1780. Meu avô sabia e honrava o italiano, minha pobre mãe lia Dante, coisa bastante difícil, até mesmo em nossos dias" (1973, p.92-3). Observe-se nessa passagem a presença de um dos *topoi* stendhalianos, a laranjeira, motivo literário de fundamental importância, como se verá, n'*A cartuxa de Parma*.

5 Uma definição semelhante encontra-se em Henri James: "em sua mais ampla acepção, um romance é uma impressão pessoal da vida; é ela que de início constitui seu valor, mais ou menos grande de acordo com a intensidade das impressões do criador" (apud Albérès, 1962, p.437).

"*Brûler*", "*Brûlure*", *Brulard* –, ou aquele que pulsa sob o calor da naturalidade e das paixões espontâneas, alheio às imposições estranhas à sua vontade. O amigo e discípulo Mérimée parece ter apreendido esse traço essencial que norteava sua personalidade e obras: "Durante algum tempo, suspeitei que ele visasse à originalidade. Acabei por julgá-lo perfeitamente sincero".[6]

Ora, essa originalidade não é outra senão a recusa de qualquer regra repressiva. Um tal estado de espírito fora da mesma forma assinalado por um dos mais severos críticos da produção romanesca stendhaliana. Sainte-Beuve (1959, p.54) percebera a singularidade da formação ética de Beyle que "em tudo aprecia ter uma opinião imprevisível. Ele não suporta o convencional em nada".

Essencialmente revoltado contra as forças restritivas do social, contra a Fortuna – como aliás o seriam, à sua imagem e semelhança, Fabrice del Dongo (*A cartuxa de Parma*) e Jules Branciforte ("A abadessa de Castro"), exemplos entre tantos outros de suas personagens[7] – e crítico voraz do homem sem face do universo norte-europeu, Stendhal, sem suscitar controvérsias, é, nos termos de Charles Baudelaire (1917, p.53), "espírito impertinente, irritante, até mesmo repugnante, mas cujas impertinências provocam a meditação".

Quando, entretanto, os olhares se detêm em sua obra romanesca, nem tudo é unanimidade: as opiniões tornam-se difusas, restrições e encômios emergem aqui e acolá, inaugurando, enfim, a polêmica acerca de um autor muito conhecido em virtude de *O vermelho e o negro*, mas pouco lembrado por sua produção literária de temática italiana e por seus "tratados", como *História da pintura na Itália* e *Vida de Napoleão*.

---

6 Mérimée, "Notes et souvenir" (*Editions du Stendhal Club*, 1974, p.19). Mérimée igualmente se interessara pela Itália e, mais precisamente, pelo século XVI peninsular: "não podemos nos impedir de comparar suas novelas, como 'Matteo Falcone', 'Carmen', às *Crônicas italianas*. Nelas, o mesmo amor da violência, e até mesmo o culto do instinto, com o acréscimo, em Mérimée, da idéia obsessiva da violência. O século XVI, em razão dos mesmos motivos, é tão caro para ele quanto para Stendhal" (Sabatier, 1973, p.112-3).

7 O mais citado deles é, sem dúvida, Julien Sorel, de *O vermelho e o negro*: digno representante do heroísmo da paixão, cujo lema é a ação, ação que a tudo enfrenta e que não conhece limites à sua vontade.

Um dos aspectos freqüentemente repreendidos a Stendhal diz respeito à modéstia da forma de sua escrita, isto é, a seu estilo seco que pretende, acima de tudo, afastar a ênfase e o pedantismo, todo e qualquer exagero. Segundo Alain, Victor Hugo fora um dos autores a não compreender a perspectiva stendhaliana, cujo fim último visava apenas escrever verdadeiro (*vrai*), pois que a "verdade deve estar acima de todos os outros méritos" (Stendhal, 1964a, p.18):

> Stendhal é inteiramente estranho à eloqüênca. Trata-se de um autor que é preciso reler de instante em instante; pois que ele não repete nem desenvolve; é como uma paisagem longínqua: quanto mais nos aproximamos dela mais a descobrimos. Por isso, não tem ele ritmo, ele não conduz, não quer conduzir, isso seria contrário à sua arte. Eis porque compreendo que Hugo, o orador, não tenha dela nada compreendido. (Alain, 1959, p.65)

Essa recusa da eloqüência a que alude Alain parece ser comprovada por determinadas leituras de Stendhal. Benvenuto Cellini e sua *Vita*, por exemplo, foram muito apreciados pelo romancista precisamente em razão de uma simplicidade discursiva: "Abramos as confissões de Benvenuto Cellini, um livro ingênuo ... ele é pouco conhecido, porque sua linguagem e sua profunda razão contrariam os escritores fraseadores" (Stendhal, 1868, p.15).

Mérimée atesta essa recusa da ênfase em favor de um estilo mais natural, próximo, quem sabe, da linguagem oral:

> Ele desprezava até mesmo o estilo e pretendia que um autor havia atingido a perfeição quando se lembrava de suas idéias sem poder lembrar-se de suas frases. Repleto de ira contra a pesquisa e a pretensão, ele era implacável com os escritores que se aplicavam a aproximar termos surpreendidos de se encontrarem juntos, a polir seus períodos, a dar aos mais triviais pensamentos um volteio bizarro que causasse efeito. Nossos grandes prosadores dos séculos XVII e XVIII eram, por seu lado, objeto de uma admiração sincera e bastante evidente. Relia-os sem cessar, a fim de se preservar, dizia, do contágio do estilo em voga em sua época. ("Notes et Souvenir", in *Editions du Stendhal Club*, 1974, p.31)

Em seu prefácio a *Armance*, Stendhal (1950, p.3) adverte igualmente sobre sua "simplicidade" expressiva, contrapondo-se uma vez mais à ênfase romântica:

Nada mais tedioso para mim do que a ênfase germânica e romântica. O autor dizia: "Uma pesquisa excessiva dos volteios nobres acaba por produzir respeito e secura; eles fazem que se leia com prazer uma página, mas esse *encantador precioso* faz que se feche o livro ao final do capítulo; e nós queremos que sejam lidos sabe-se lá quantos: que me deixem com minha simplicidade agreste ou burguesa".

Mesmo ciente do fato de suas obras não despertarem interesse junto ao público contemporâneo – "escrevo apenas para cerca de vinte pessoas que nunca vi, mas que me compreendem, espero" –, Stendhal (1938, p.98) claramente defende em seu *Journal* a abordagem e o manuseio naturais dos modos de representação, livres dos efeitos hiperbólicos e *pour cause* valorizados pelo emprego da palavra correta, do vocábulo rigoroso e conciso:[8]

> Não devo jamais sacrificar a energia da expressão em favor de não sei que bom-tom. Cada caráter tem uma palavra apropriada para a sua idéia; todo outro termo, todo outro volteio é um contrasenso.

Cerca de quarenta anos após a morte de Stendhal, Zola manifestaria sua admiração pelo autor, classificando-o, ao lado de Balzac, como "grande romancista", mestre dos escritores naturalistas em virtude de seu "senso do real" e de sua "expressão pessoal". Essa última seria muito provavelmente resultado do modo stendhaliano de construir um romance. É o próprio Stendhal (1952a, p.868) quem afirma:

> Não faço plano algum. Quando isso se deu, desgostei do romance em razão do mecanismo seguinte: procurava me lembrar, ao escrever o romance, das coisas nas quais pensara ao escrever o plano, e, em mim, o trabalho da memória extingue a imaginação ... Ora, não fazendo senão um esboço de plano, aquieto meu fogo sobre as tolices das expressões e das descrições, em geral inúteis, e que devem ser apagadas quando se chega às últimas cenas.

---

8 Balzac (1964, p.586) aludira, no entanto, a algumas "prolixidades" no início de *A cartuxa de Parma*: "há prolixidades, não as censuro, isso não concerne os homens de espírito; os homens superiores estão de seu lado e, para eles, está bem; mas eu falo para o *pecus*, ele se afastaria".

Se Stendhal conseguira evocar a vida naquilo que ela possuía de verdadeiro, tal sucesso seria o resultado evidente de seu estilo, de sua maneira de trabalhar idéias e frases:

> [Stendhal] costumava dizer que, para pegar o tom, lia todas as manhãs algumas páginas do Código Civil, antes de se pôr ao trabalho. É preciso reconhecer aí uma simples bravata lançada à escola romântica. Stendhal queria dizer que, para ele, o estilo era apenas a tradução mais clara e mais exata possível da idéia ... Sua secura, sua frase curta, tão incisiva e tão penetrante, torna-se em suas mãos um maravilhoso instrumento de análise ... Tinha o estilo de seu talento, um estilo de tal modo original em sua incorreção e em sua aparente despreocupação, que permaneceu típico. Não se trata mais da enorme fluidez de Saint-Simon, repleta das maravilhas e dos fragmentos, soberba em violência; é como um lago gelado na superfície, talvez borbulhante em suas profundezas, e que reflete com uma verdade inexorável tudo o que se encontra em suas margens. (Zola, 1970, p.222-3)

Embora expresse toda sua admiração, Zola enunciara certas reservas em relação ao romanesco stendhaliano. Fiel a seu código naturalista, que impusera condicionantes fisiológicos à psicologia, abordando o homem apenas como entidade biológica, ele não poderia deixar de criticar a ausência daquele elemento que se tornaria *topos* do naturalismo literário: a análise do "corpo do homem em seus fenômenos cerebrais e sensuais, em estado sadio e em estado doentio" (Zola, 1970, p.81). O autor da saga dos Rougon-Macquart pretendia sobretudo repreender a Stendhal

> seu desdém pelo corpo, seu silêncio sobre os elementos fisiológicos do homem e sobre o papel do meio ambiente ... nunca a paisagem, o clima, a hora do dia, o tempo que faz, numa palavra, a natureza intervirá sobre as personagens. A ciência moderna ainda não passou por ali! Ele permanece numa abstração desejada, põe o ser humano à parte na natureza. (Zola, 1995, p.60)[9]

---

9 Curiosa posição! Veremos em um dos capítulos dedicados à *Cartuxa de Parma* quanto Zola se equivocara. Há em Stendhal um lugar especial reservado à natureza, determinante na construção do caráter das personagens, sobretudo de Fabrice; o "meio", se entendido não no sentido "fisiológico", também se mostrará de primeira importância na produção stendhaliana. Jules Branciforte, de "A abadessa de Castro", é *"brigand"* precisamente por viver em meio a um

Deixemos o próprio Stendhal responder:

> Será preciso descrever os trajes das personagens, a paisagem no meio da qual se encontram, as formas de seus rostos? ou será melhor pintar as paixões e os diversos sentimentos que agitam suas almas?[10]

A arte stendhaliana soube, pois, representar e compreender o homem por meio dos movimentos do coração e não do corpo. É em sua intimidade que o homem stendhaliano, e isso parece não escapado a Zola, postar-se-á como um dos elementos do mundo objetivo, real. Em seu universo individual, todas as leis e as relações do mundo, e da natureza, se refletem. Não há em Stendhal ruptura entre o histórico e o individual. Dito de outro modo, é por meio de percursos e conflitos individuais que se representa uma época histórica. Se seu herói com freqüência se ergue como individualidade introspectiva, é porque pretende, na solidão, definir posições a assumir e preparar sua ação, a fim de enfrentar e conquistar o mundo, o amor, e, assim, defender-se do meio inimigo.

Também Sainte-Beuve parece não ter considerado essa premissa básica. Bastante severo em relação ao estilo do autor, chegando mesmo a declarar que os romances de Stendhal "são francamente detestáveis", sua maior crítica recai justamente sobre a construção das personagens que, segundo ele, "não são seres vivos, mas autômatos engenhosamente construídos" (apud Proust, 1954, p.159). Sainte-Beuve reconhece, entretanto, que

> nas novelas [*Crônicas italianas*], que têm assuntos italianos, ele foi mais bem-sucedido. *A cartuxa de Parma* é, de todos os romances de Beyle, aquele que deu a algumas pessoas uma maior idéia de seu talento no gênero. (apud Proust, 1954, p.159)

---

    conflito de classes; deveria ser "*brigand*" para que a desilusão o alçasse à categoria do heróico, à ação, à energia. O choque existente entre os heróis stendhalianos e a realidade social de suas épocas não necessita das descrições fisiológicas exigidas pelos naturalistas; ele se define precisamente pelos conflitos de ideais das personagens (e do autor) com o "meio".

10 Apud Jan Fischer. "Procédés de typisation réaliste chez Stendhal" (*Stendhal/Balzac: réalisme et cinéma*, 1978, p.97). Em *Racine et Shakespeare*, Stendhal (1925, p.33) esclarece ainda mais essa perspectiva: "Temos sede da própria paixão. É muito provavelmente por uma pintura exata e inflamada do coração humano que o século XIX se distinguirá de tudo o que o precedeu".

Talento que privilegia essencialmente a naturalidade na composição de um romance:

> Meu talento, se talento há, é aquele de um improvisador. Esqueço tudo o que escrevo, poderia fazer quatro romances sobre o mesmo assunto e igualmente esqueceria. (Stendhal, 1952a, p.869)

Balzac (1964, p.585), à semelhança de Sainte-Beuve, admirara-se com a *Cartuxa*, considerando-a "um grande livro ... onde tudo é original e novo". Em abril de 1839, Balzac (1964, p.586), em carta a Stendhal, manifestava a sua mais sincera efusão:

> Não se deve jamais demorar a dar prazer a quem nos deu prazer ... O senhor foi desta vez perfeitamente claro. Ah! É belo como o italiano e se em nossos dias Maquiavel escrevesse um romance, este seria a *Cartuxa*. Nunca em minha vida enderecei muitas cartas de elogios; é por isso que podeis acreditar no que tenho o prazer de vos dizer.

Ao contrário de Sainte-Beuve, Balzac não fazia nenhuma ressalva à construção das personagens ou ao ritmo da obra:

> São personagens que agem, julgam, sentem, o drama avança sem se deter ... São as idéias que fazem do poeta um poeta dramático. Ele não se afasta do seu caminho, nem mesmo para colher uma pequena flor; tudo se desenvolve a uma velocidade ditirâmbica. (apud Lukács, 1965, p.119)

A polêmica acerca da obra stendhaliana, expressa pelas críticas e encômios de diversos autores do século XIX francês, ultrapassa os limites do puro juízo de gosto e de alguns comentários estético-estilísticos para assumir grandes proporções no momento em que se trata de enquadrar Stendhal neste ou naquele gênero literário, nas fileiras do romantismo ou do realismo. O autor seria, afinal, romântico ou realista? Talvez romântico no tema e realista no estilo? Ou clássico na forma e romântico na temática? Ou ainda, um independente? A verdade é que sua obra continua a gerar controvérsias, iniciadas por seus contemporâneos, seguidas por seus sucessivos companheiros do mundo das letras e retomadas por toda uma crítica literária, toda uma historiografia da literatura.

Assinala-se, contudo, que as interrogações acerca da produção stendhaliana foram inicialmente enunciadas por um século XIX que mal começara e que se descobria no interior de uma discussão sobre o antigo e o moderno.[11] O próprio Stendhal, com seu panfletário *Racine et Shakespeare*, participara dessa polêmica defendendo uma nova literatura. Segundo ele (1925, p.4), o século XIX possuía "sede de ações enérgicas", sendo primordial oferecer ao novo público obras que o fizessem "chorar e tremer".[12] Obras que abandonassem antigas certezas, gêneros e regras, e ganhassem um território estético mais livre e mais próximo do natural. Nesse sentido, se a crítica literária contemporânea a Stendhal o considerava um dos precursores do romantismo, assim o fazia não em virtude de obras tais como *Armance* ou *O vermelho e o negro*, mas sim pela sua busca constante de uma nova expressividade.[13] No entanto, e como não poderia deixar de ocorrer, esse original, como pretendia Mérimée, decide-se pela via do não-conformismo, da não-adequação: ele abandona a discussão que tanto envolvera e apaixonara sua época, pouco se apega ao proselitismo ditado pela moda que ajudou a inaugurar, opõe-se a todo dogmatismo literário. Assume, enfim, um modelo particular, individualizado. Que se tornaria característico. Stendhaliano. E será justamente em torno desse particular modelo stendhaliano – que seria chamado de beylismo (Stendhal é pseudônimo; Henri Beyle é seu nome civil) – que todas as dúvidas e questões se concentrarão, embora a discussão se limite essencialmente a dois pólos. Ou à intersecção de ambos.

---

11 Seria curioso assinalar o que um Lamartine, sempre associado pelos grandes manuais de história literária ao romantismo, enuncia sobre tal polêmica: "o século não pretende ser romântico na expressão, isto é, escrever diferentemente daqueles que bem escreveram antes de nós, mas somente nas idéias que o tempo traz ou modifica; ele deveria fazer uma concessão: clássico na expressão, romântico no pensamento; a meu ver, é assim que se deve ser" (apud Stendhal, 1925, p.267).

12 A postura de Stendhal não é, contudo, inovadora. No século XVIII inglês, o filósofo Edmond Burke defendera a necessidade de a obra de arte provocar no espectador emoções fortes, próximas da dor e do terror.

13 Ou como escrevera Lamartine em sua correspondência: "ele disse o que todos nós tínhamos na ponta da língua; tornou claro e palpável o que não era senão uma percepção confusa de todos os espíritos precisos ... Disse quase tudo sobre os clássicos e sobre os românticos" (apud Stendhal, 1925, p.265).

Ao visitar obras críticas sobre a sua produção romanesca é possível notar que as diferentes leituras se empenham em descobrir elementos românticos ou realistas, e mesmo ambos, no interior da peculiar posição que Stendhal assumira diante desses dois modos de representação literária. Ainda que seja difícil fazer entrar em um quadro bem definido noções que digam respeito a este ou aquele gênero presente na obra do romancista, sobretudo porque o problema do "realismo" não encontrou leituras definitivas relativas às suas formulações gerais, convém enunciar alguns pontos elucidativos da questão.

Se nos detivermos no arsenal simbólico utilizado ao longo de sua obra romanesca, parece evidente que ali se encontram todos os elementos que compõem a perfeita espiritualidade romântica: montanhas, águas, lagos, ilhas, caminhos solitários, bosques e florestas e, de uma maneira geral, o mundo natural e aquele dos "altos lugares", segundo a qualificação proustiana de *Albertine desaparecida*.[14] Não seria, pois, necessário acrescentar que Stendhal e suas personagens – basta lembrar suas figuras femininas – possuíam temperamento propenso às delicadezas e angústias da sensibilidade.

É também romântica a consciência trágica – que se transformará em importante elemento cênico, sobretudo nas *Crônicas italianas*, e no episódio dos sermões proferidos por Fabrice del Dongo em *A cartuxa de Parma* – que as individualidades romanescas de Stendhal possuem de sua condição. Ainda mais romântico é seu orgulho diante das leis injustas da exterioridade e do próprio destino. A leitura marxista de um Lukács, a título de exemplo, veria nessa manifestação de força e vontade dos heróis stendhalianos uma representação verdadeiramente acabada da nostalgia romântica, da burguesa nostalgia romântica, já que o período que se convencionou chamar romântico corresponde, além das fantasias e das exaltações da sensibilidade e dos devaneios, à chegada ao poder dos burgueses conquistadores:

---

14 "Não posso vos falar assim em um amplo minuto, mas vereis em Stendhal um certo sentimento de altitude que se liga à vida espiritual: o lugar elevado onde Julien Sorel é prisioneiro, a torre no alto da qual está enclausurado Fabrice, o campanário onde o abade Blanès se ocupa de astrologia e de onde Fabrice lança um tão belo olhar" (apud *Vermeer de Delft*, 1952, p.8).

Stendhal realiza tudo aquilo que Victor Hugo procurou alcançar em muitos de seus romances e dramas, sem todavia concretizá-lo, a não ser de forma abstrata, quase na forma de um esqueleto revestido com o manto púrpura da retórica. Stendhal, ao contrário, cria em carne e osso, cria a exuberante história de personagens vivos e concretos, cujo caráter adquire um valor típico, porque – embora a sua natureza constitua exceções extremamente individuais – eles personificam a profunda nostalgia dos melhores filhos da classe burguesa. (Lukács, 1965, p.134)

Lukács refere-se a exceções individuais. Outro crítico literário também assinala o "ardente individualismo" das personagens. Em sua *História da crítica moderna*, René Wellek faz notar que apenas esse elemento e o culto da paixão associariam Stendhal a outros escritores românticos. Contudo, embora seu herói se apresente essencialmente como um Eu poderoso, sublevando-se contra os poderes alheios à sua interioridade, seria inapropriado falar incisivamente em individualismo. Adotar tal perspectiva significaria recusar a noção de altruísmo presente em diversas personagens, Clélia Conti e a duquesa de Sanseverina n'*A cartuxa de Parma*, Jules Branciforte em "A abadessa de Castro", entre outras. É verdade que agem impulsionadas por um movimento amoroso sincero e talvez precisamente por isso seja possível falar em romantismo stendhaliano. As individualidades que emergem da obra de temática italiana caracterizam-se acima de tudo por um desprendimento em relação ao Outro, somente alcançam a perfeição em razão de um sacrifício que substitui outros valores pelo heroísmo e da espontaneidade. Aquele que foi chamado individualista baseia sua ética na fraternidade humana entre os seres de elite (Cf. Marill-Albérès, 1952, p.421).

Grande parte da crítica literária parece igualmente considerar romântico o mito da paixão presente ao longo de quase toda a produção stendhaliana. Se exercer seu desejo, se agir segundo sua energia voluntariosa (paixão em Stendhal nada mais é que ação e energia criadoras) significa ser romântico, então o beylismo é a mais pura forma de romantismo.[15] Mas, à diferença das outras criaturas ro-

---

15 Julia Kristeva (1988, p.380) fala em paixão como espaço de "politização do amor", referindo-se, assinale-se, ao Julien Sorel apaixonado por Louise de Rênal e, em seguida, por Mathilde de la Mole, mas sempre por Napoleão e pela Revolução.

mânticas de sua época, as personagens do universo de Stendhal nunca se abandonam completamente à emoção. É a seu contato que crescem e se fortificam. Ao sentirem a emoção tomar conta de si, os heróis de Stendhal a utilizarão como instrumento de domínio do mundo e da interioridade. É por meio da paixão e da emoção que se entregam ao furor de viver, de modo violento e perturbador. A entrega e o desespero cultivados não são nunca seus objetivos finais. E pouco importa se a maioria deles tenha como destino a morte, símbolo último de heroísmo e pureza. E de revolta.

Mas se Stendhal reunia aptidões necessárias ao romantismo, a expressão de uma sensibilidade demasiado romanesca sempre o perturbou.[16] Sua literatura preocupava-se, acima de tudo, com a verdade. E a excessiva sensibilidade romântica mostrava-se muito estudada e cuidada, para não se dizer afetada, para ser verdadeira. Além disso, o enamorado da Itália "despreza ou rejeita o conceito místico e simbólico de literatura e ignora o medievalismo e mesmo o cristianismo" (Wellek, 1967, p.222).[17]

Nesse sentido, o que o afasta do movimento não é apenas a recusa da estética romântica no que ela possui de retórica hiperbólica *à la* Hugo. Como tal também não ocorre em virtude de sua simplicidade de estilo, de seu vocabulário conciso e rigoroso e de seu quase cientificismo ante o manuseio do instrumental literário. Na verdade, se é possível apresentar a hipótese de um Stendhal não-romântico ou a-romântico e, talvez, realista, isso seria possível com base no funcionamento metafórico de seu imaginário. É essa metaforização que definiria o caráter particular de seu realismo – da mesma forma que seu romantismo somente poderia ser definido em razão de alguns componentes temáticos que o particularizariam.

---

16 "Muito me esforço para ser seco. Quero impor silêncio a meu coração que crê ter muito o que dizer. Estremeço sempre por ter escrito apenas um suspiro quando julgo ter anotado uma verdade" (Stendhal, 1965, p.50).

17 Não convém perder de vista, contudo, que nas *Crônicas italianas* e n'*A cartuxa de Parma* há um espaço reservado à religião. Ao mesmo tempo em que os costumes desvirtuados e mundanos das religiosas que percorrem os conventos das novelas são severamente criticados, há, especialmente na figura de Hélène de Campireali e de Jules Branciforte ("A abadessa de Castro") e Béatrix Cenci ("Os Cenci") um importante lado espiritual, místico mesmo. É a volta à pureza original da religião.

Será então pela "justa medida" (*juste milieu*) que o autor obterá o equilíbrio sempre por ele desejado entre o concreto e o abstrato, entre o real e o imaginário:

> Stendhal tinha horror das abstrações e buscava sempre uma certa forma do concreto, o que chama vista pitoresca. Para alcançar o verdadeiro, é preciso fornecer detalhes suficientes para criar a ilusão de fato realmente vivido ... No romance stendhaliano, o real torna-se verdadeiro romanesco quando o real se cristaliza em um galho desfolhado da vida interior. O verdadeiro mantém assim uma dupla referência: ele reenvia, inicialmente, ao sistema dos valores interiores e, em seguida, ao real, ao exterior à obra.[18]

À medida que se procura aproximar Stendhal deste ou daquele movimento literário, parece ficar claro que o autor elaborou um modelo bastante particular: ele aproveita elementos estéticos e temáticos, ora de um ora de outro movimento, chegando mesmo a confundi-los, seja por simples recusa seja por não dominar plenamente o instrumental que se apresenta. A essência do beylismo é contraditória em seus próprios fundamentos, embora seja justamente esse aspecto que lhe imprimirá um caráter alheio às convenções e aos modismos:

> Stendhal despreza a religião estética de Chateaubriand, seu estilo florido e sua flagrante insinceridade. Abominava a maioria de seus contemporâneos pelo estilo pomposo, gritante e enfático, e pretendia, ao menos, tomar o Código Civil como modelo de seus próprios escritos. Surpreendeu-se francamente quando Balzac, elogiando a *Cartuxa de Parma*, declarou que a parte mais fraca do livro era seu estilo. Stendhal defendeu-se dizendo que só escrevia mal devido a um amor exagerado à lógica. (Wellek, 1967, p.218)[19]

---

18 Hans Boll-Johansen. "Stendhal et la notion de mimesis" (*Stendhal/Balzac: réalisme et cinéma*, 1978, p.165 e 169).
19 O Balzac (1989, p.111-2) leitor de *A cartuxa de Parma* censura a Stendhal sua negligência e sua incorreção gramaticais, que enfraqueceriam o romance: "Às vezes um desacordo de tempo nos verbos, outras vezes a ausência do verbo; algumas vezes os *é*, os *o que*, os *que* que cansam o leitor ... Esses erros, bastante grosseiros, anunciam um defeito de trabalho". Em Zola (1995, p.90), no texto intitulado *Do romance*, ecoam as críticas de Balzac à negligência estilística de Stendhal: "O julgamento de Balzac ainda é muito correto ... Não censuro

Seria então possível estabelecer diversas denominações para a produção romanesca de Stendhal. Elas iriam do romanesco psicológico – como pretendia Zola[20] e parte da crítica presente nos grandes manuais de história literária – àquele da condição humana, passando pelo romanesco do trágico e da consciência.

Mas se o que importa é conhecer a sua obra romanesca e, sobretudo, aquela qualificada de italiana, a definição mais coerente e pertinente seria "romanesco de uma Vontade". Ora, o herói stendhaliano pretende pela "violência ou pela ousadia" – a exemplo de Jules Branciforte, o *"brigand"* de "A abadessa de Castro" (a mais elaborada das novelas que compõem o *corpus* de *Crônicas italianas*) – concretizar seus anseios, construir seu próprio destino, mergulhado em uma atmosfera de incessante aventura existencial e amorosa. A tenacidade e a vontade que caracterizam esse herói revelam-se coordenada extremamente moderna, mais tarde presente em Nietszche e em sua *Vontade de potência*.[21] No entanto, o "observador das profundezas do coração humano", coração rebelde e ativo, não encontrara em seu tempo exemplos dignos de grandeza e heroísmo. A realidade do início do século XIX francês estava para ele carente de ardor e energia. Foram necessárias outras terras,

---

[Stendhal] por suas negligências dos 'quem', dos 'que' aos montes, das repetições de termos que retornam até dez vezes numa página, e inclusive erros gramaticais usuais; censuro-o pela estrutura ilógica de suas frases e de seus parágrafos, o desprezo por todo método na arte de escrever ... Ele é ilógico, apresenta seu sistema ideológico em estilo negligente e me causa um mal-estar, porque não é completo e porque algo range em sua obra".

20 Segundo ele, "Stendhal é, acima de tudo, um psicólogo. O senhor Taine delimitou muito bem seu domínio, dizendo que ele se interessava unicamente à vida da alma" (apud Jan Fischer, "Procédés de typisation réaliste chez Stendhal, in *Stendhal/Balzac: réalisme et cinéma*, 1978, p.97).

21 Aliás, segundo Pierre Sabatier, Nietzsche "professa uma real admiração" por Stendhal. Em *Para além do Bem e do Mal*, o filósofo escrevera: "o contrário da inexperiência dos alemães e de sua inocência em vontade psicológica, e a expressão mais acabada da curiosidade e do espírito inventivo realmente francês, é Henri Beyle, este homem curioso, visionário e precursor, que percorreu em um tempo napoleônico sua Europa, diversos séculos de alma européia, como explorador e descobridor desta alma; foram necessárias duas gerações para compreendê-lo, para resolver alguns dos problemas que o atormentaram e que iluminavam este epicuriano admirável, este homem de pontos de interrogação que foi o último dos psicólogos franceses" (apud Sabatier, 1973, p.111-2).

outro universo, para que o literato Stendhal – e o homem Beyle – enfim encontrasse sua pátria ideal, em uma coincidência de valores e aspirações: a Itália, Itália do Renascimento e das *Crônicas italianas;* Itália do Resorgimento e de *A cartuxa de Parma*. Nesse sentido, a Itália redescoberta deve ser menos considerada como italiana e mais como stendhaliana.[22] Trata-se de um meio complexo, ao mesmo tempo social, humano, ético e estético, em que a literatura realiza a união entre imagens e realidade.

Toda a temática presente nas *Crônicas italianas* e n'*A cartuxa de Parma* parte da idéia primeira – adquirida não apenas pelo imaginário do turista, mas também por suas diversas estadas na península – de que a Itália é o país da *"vollutà"* e, acima de tudo (o que teria o mesmo signficado), país da natureza bruta, ainda não deformada pelo excesso de civilização.[23] Nesse universo mais próximo da liberdade, da simplicidade e do natural, o homem de letras descobre um povo privado de vaidade e hipocrisia, estranho às conveniências sociais, à severidade e aos engajamentos morais. O apanágio do italiano é a sensibilidade:[24]

> Não sei se se poderia encontrar fora da Itália (e talvez da Espanha, antes da afetação do século XIX) uma época bastante civilizada ... e bastante purificada de toda vaidade para deixar ver quase a nu o coração humano. Do que estou certo é que nos dias que correm a Inglaterra, a Alemanha e a França estão muito gangrenadas pelas afetações e vaidades de todas as espécies, para poder, e isso desde há muito tempo, nos fornecer uma luz tão viva sobre as profundidades do coração humano. (Stendhal, 1964a, p.18)[25]

---

22 Ou como assinala Croce (s. d., p.837), "a Itália que ele retrata como romancista e como historiador é sempre a Itália de seus sonhos, ou melhor, seu sonho em trajes de Itália". A Itália é, pois, paraíso terrestre e país romanesco eleito.

23 O espaço natural, genuíno, mundo das sensações sutis e protetoras, violentas e perturbadoras é *topos* stendhaliano: a função da natureza será particularmente trabalhada em "A abadessa de Castro" e n'*A cartuxa de Parma*, como se verá.

24 Nesse tocante, Stendhal é tributário de toda uma perspectiva do século XVIII literário e filosófico: o homem é apenas sensações que, repetidas, criam hábitos do coração ou sentimentos, hábitos do cérebro ou idéias. A sensibilidade, ou o instinto, tende a se tornar o elemento primeiro, a origem da espontaneidade vital, marcada pela autencidade e pureza.

25 A tradução em destaque é de Sebastião Uchoa Leite para a versão brasileira das *Crônicas* (São Paulo: Edusp, 1997, p.23). Entre colchetes são indicadas as páginas da edição brasileira e sua respectiva tradução.

Será da realidade do Renascimento italiano, nos séculos XV e XVI relatados por velhos manuscritos um dia comprados junto a um livreiro romano, e que acabariam por se tornar as *Crônicas italianas*, que Stendhal retirará elementos constitutivos de uma moral quase titânica, cujo esboço se delineia nas novelas e cujo apogeu se revela n'*A cartuxa de Parma*. A base moral repousa essencialmente sobre a idéia de sensação,[26] responsável pela vida, que não conhece críticas ou interditos a seu livre desenrolar. E é justamente no homem italiano que se encontra a perfeição como modo de vida, pois que ele se entrega sem restrições à fruição do sentir. As novelas atuam, nesse sentido, como *exempla* da moral stendhaliana, ou do ideal de italianidade ali presente; edificam o palco por onde desfilam os mais belos exemplos de individualidades movidas pelo *pathos*. Se essas individualidades são perfeitas é porque tiveram a audácia suficiente para enfrentar os preconceitos nascentes, o despotismo dos poderosos e as injustiças. Elas percorrem um período marcado por convulsões políticas e por pequenos tiranos, intrigas e armadilhas, mas nem por isso se deixam aniquilar. Pelo contrário, mediante um temperamento combativo e perseverante, com ações impregnadas de "traços ingênuos e enérgicos", os protagonistas italianos se impõem, em graus mais ou menos elevados, como seres superiores cuja inteligência e astúcia, paixão e vontade em muito ultrapassam a normalidade dos demais seres.

Seres enérgicos. O culto da Energia – símbolo mesmo da passagem da força teocêntrica ou teocrática a uma força puramente humana, que faz do homem a única testemunha de sua potência – é um dos *topoi* mais relevantes e característicos da noção de italianidade que emerge das *Crônicas* e da *Cartuxa*. Essa energia é admirada sob as suas mais diversas faces, até mesmo as mais impotentes. Ela pode corresponder ao perigo, ao assassinato, à virtude, ao amor e à honra – amorosa ou cívica. Nada mais adequado a um país tão particularmente descrito por Stendhal (1868, p.15): a Itália é entendida como pátria da energia por possuir "espírito, superstição,

---

26 Essa perspectiva tem suas origens nos filósofos iluministas muito lidos por Stendhal, como atesta Mérimée (in *Éditions du Stendhal Club*, 1974, p.31). É em virtude de sua leitura das sensações que seria possível falar em um certo epicurismo stendhaliano, que pretende satisfazer os prazeres da alma, conservando assim os valores emocionais puros e sutis.

mascaradas, venenos, assassinatos, alguns grandes homens, um número infinito de celerados habilidosos, porém infelizes; em todos os cantos, paixões ardentes em toda sua selvagem altivez".

Essas vertentes dizem respeito ao poder de um Eu transgressor e sensitivo, crítico mas emocional, que age com desenvoltura e força de espírito no interior de um social opressor. Aludiu-se anteriormente à noção de natural sobre a qual se construiu a ética beylista. Cabe, pois, ao herói stendhaliano das *Crônicas* e da *Cartuxa*, revestidos que são pela energia, conduzir essa ética do natural à sua máxima expressão, em uma tentativa de demonstração de que o homem pode se desenvolver livre e puramente quando não necessita responder às exigências da forma, do "aparecer", que nada exprimem e tudo negam e frustram. O império das leis impõe obstáculos ao desenvolvimento das individualidades e refreia as paixões. E com o enfraquecimento das paixões, a energia diminui.[27] Antítese do homem-máquina do universo civilizado da França, que funciona por vaidade, hipocrisia e afetação, o italiano é individualidade que nada sacrificou, que não sucumbiu a nenhuma espécie de repressão e que se desenvolve e desabrocha como o mundo da natureza. Aliás, como será possível constatar nos Capítulos 3 e 8 relativos às *Crônicas* e à *Cartuxa*, respectivamente, não é fortuita a relação entre natureza e habitante meridional. A natureza do Sul, à semelhança do indivíduo, é um mundo virgem e poderoso, repleto de virtualidades, capaz de uma verdadeira liberação de forças.[28] A união entre exuberância natural e energia humana, entre sol e paixão inscreve-se nos limites de uma ética que procura se construir sob o ritmo da pureza e da virtude, espontaneidade e sensação.

---

27 E Stendhal parece aqui mais uma vez tributário da filosofia setencentista das sensações. Hélvetius (1984, p.197), por exemplo, assinala no *Do espírito* que "as paixões são na moral o que o movimento é na física: cria, destrói, conserva, anima tudo; sem ela, só há a morte. São elas também que vivificam o mundo moral".

28 Uma leitura semelhante do universo meridional não é inteiramente inovadora. De Montesquieu a Taine, passando por Mérimée e pelo próprio Stendhal, estabeleceu-se uma teoria dos climas, segundo o qual o homem do Sul é mais criativo, artístico e passional que aquele do Norte, em virtude do clima em que vive.

Terra da mais exuberante natureza e da mais forte paixão, onde o amor é a um só tempo veemente e trágico, onde as ações são sempre preeminentes e emocionais; país da beleza e da natureza, da simplicidade e da verdade, a Itália, sobretudo do Renascimento e do Resorgimento, é espaço ideal que permite ao autor fugir da moral maculada de seus contemporâneos e reencontrar a verdadeira integridade do homem, a que diz respeito acima de tudo à Virtude – ou às qualidades que escapam à jurisdição do normativo. Desse modo, a Itália stendhaliana erguer-se-ia como terra prometida, paraíso perdido onde é possível inaugurar uma nova história e uma nova concepção de cultura afastadas do que Stendhal (1964a, p.22) considerava como responsável pelo "aniquilamento sucessivo de todas as paixões e mesmo do amor": o espírito de galanteria. De Jules Branciforte a Fabrice del Dongo, passando por Gennarino de las Flores ("Suora Scolastica") e Pietro Missirilli ("Vanina Vanini"), além de grande parte das figuras femininas, o herói italiano está sempre disposto a mergulhar nas profundezas de sua interioridade, possuído e fascinado como está pela ação e energia passionais, ricas em vitalidade e perigo:

> A vaidade não se divertia nas nuanças, todos desejavam gozar. A teoria da vida não estava avançada; um povo melancólico e sombrio tinha como único alimento de seu devaneio as paixões e suas sangrentas catástrofes. (Stendhal, 1868, p.15)

Tal herói está apto a experimentar e a exceder sua própria condição humana. Somente conhecerá a plenitude por meio da ação tempestuosa que o impede de cair no tédio e na vacuidade do ser. As *Crônicas italianas* estão repletas de individualidades que ousam se completar em meio a tempestades sociais e mesmo naturais. Estas mesmas novelas oferecem alguns exemplos de conseqüências trágicas que atingem o indivíduo incapaz de empregar toda a sua energia na satisfação de um desejo, de um amor ou, em um sentido mais genérico, de um ideal. A verdadeira energia corresponde à resolução da paixão na vontade, ou à vontade que se apodera da paixão. É preciso a todo custo bater-se por esse ideal, pois, do contrário, não se acede à categoria dos reais homens e verdadeiros heróis. É em razão desse perfil superior que se podem considerar as personagens stendhalianas como seres de elite, pertencentes a uma particular aristocracia, aquela da energia e da inteligência. São, enfim, individualidades de exceção, impregnadas de romanesco. De um romanesco verossímil porque os protagonistas das novelas e da sociedade oitocentista de Parma vivem ao lado dos poderosos, dos hipócritas, dos mesquinhos e dos ambiciosos. A solução para todos eles? A revolta, a recusa do regulamento ou o transpor muralhas.[29] São esses os caminhos percorridos por quase todas as personagens stendhalianas e não apenas por aquelas da obra "italiana". À semelhança de seu autor, espírito rebelde segundo Sainte-Beuve e Baudelaire, Julien Sorel, Fabrice del Dongo, Jules, Félize degli Almieri ("Muito prestígio mata"), Béatrix Cenci ("Os Cenci"), Lamiel ("Lamiel") e tantas outras personagens que habitam diferentes espaços romanescos, todos são eminentemente sublimes porque expressam uma liberdade intacta, elevam-se acima dos conformismos, dos preconceitos, dos julgamentos de outrem, manifestam uma força pura e indiferenciada. O sublime parece, portanto, a antítese da consciência e do espírito calculistas que atuam junto ao social.

É a partir desse inconformismo geral que o sublime igualmente assume uma vertente mais obscura: há em Stendhal, e essencialmente ao longo das *Crônicas* – histórias repletas de vinganças, de golpes de sabre, de envenenamentos... –, um especial lugar reservado à violência, ao sangue, ao assassinato ou, de modo mais geral, ao terror. Pois se o sublime define o momento do triunfo do Eu, a realização completa e efêmera das paixões humanas, não é de admirar que ele se aproxime de um momento de violência e força físicas, que nada mais são que o desabrochar enérgico – e energético – de uma individualidade. Essa vitalidade atinge seu paroxismo exatamente naquele exceder da condição humana. Excesso insustentável. As personagens vivem perigosamente no interior da familiaridade com a morte, em um espaço anárquico e anômico em que o homem dá provas de sua insubmissão, de sua recusa à divisão e fragmentação que seriam impostas pela lei e pela ordem. É evidente que a violência exacerbada e sangrenta do italiano das *Crônicas*, do qual se contam os crimes, não assume nenhum valor deprecia-

---

29 A se consultar a respeito: Richard (1954).

tivo.[30] Em Stendhal não há limites entre o Bem e o Mal. A realidade do Renascimento ainda não conhece, segundo a concepção do autor, estruturas ou mecanismos sociopolíticos suficientemente ordenados e desenvolvidos para se imporem ao império do Eu. Donde o particular estatuto adquirido pela noção de Justiça no interior da obra "italiana". Trata-se, na verdade, de justiça individualizada, de defesa própria perante todo elemento constrangedor e opressor. O arbitrário do poder, ou do social, é violentamente combatido porque se ergue como espectro aniquilador e devorador da individualidade livre e espontânea. Ora, se qualquer mecanismo opõe-se ao pleno desenvolver de uma personalidade, ela está em seu direito de se defender, de se rebelar, mesmo que sua revolta adquira as feições do assassinato. O social, representado por suas duas principais faces, a família e a Igreja, personifica-se em Tirano, a que todo e qualquer homem deve se confrontar, matando-o se necessário. A apologia do crime é uma das tônicas marcantes do conceito de italianidade e tal se expressará de forma exemplar na figura dos "*brigands*", soldados de aventura, e de Béatrix Cenci. O assassinato parece ser o traço eminente e latente de toda Itália, de todo italiano, sobretudo no que diz respeito à realidade dos séculos XV e XVI. Mas também uma duquesa de Sanseverina seria capaz de cometê-lo; até mesmo a jovem e "piedosa" Clélia Conti seria capaz de a ele recorrer. Elas são dois dos diversos exemplos de meridionais que se outorgariam o ato de justiça, punindo tudo aquilo que lesasse o Eu enérgico e vivo. E Julien Sorel, para ganhar

---

30 A perspectiva de um Taine (1946, p.134) também se assemelharia à interpretação que reconheceria nesses "animais humanos" a manifestação de uma pura energia: "a ausência de justiça e de polícia, a vida ativa, a contínua presença de perigos iminentes conferem à alma paixões enérgicas, simples e grandes. Ela está assim propensa a apreciar, nas atitudes e nas figuras, a energia, a simplicidade e a grandeza que impõem, pois que o gosto de uma coisa pressupõe a simpatia, e para que um objeto expressivo nos agrade é necessário que sua expressão esteja de acordo com nosso estado moral. Enfim, e pelas mesmas razões, a sensibilidade é mais viva porque é situada no íntimo pela terrível pressão exercida pelas ameaças que rodeiam a vida humana. Quanto mais um homem houver padecido, temido ou sofrido, maior satisfação experimentará ao poder dar livre curso às emoções. Quanto mais sua alma for assaltada por ansiedades violentas ou por meditações sombrias, maior prazer experimentará diante da beleza e da harmonia".

outros registros que não apenas o da italianidade, que não se separa nunca de suas pistolas... O ato criminoso é então legitimado pela lei que freqüentemente aceita servir à justiça e consagrá-la.

Tal disposição ao ato criminoso, ou violento, confere às personagens italianas um caráter enérgico e heróico, em que força física e espiritual se confundem. E Stendhal parece ter encontrado na arte renascentista uma comprovação desse heroísmo, sobretudo nas figuras de Miguel Ângelo e Caravaggio, em que das grandes massas musculares, poderosas, depreende-se uma propensão infinita à ação. A pintura do Renascimento soube expressar o desabrochar humano em sua total liberdade e superação de obstáculos, ainda mais porque ela é o próprio resultado de um momento preciso, o século XVI: "É nesse século das paixões, e quando as almas podiam entregar-se livremente à mais elevada exaltação, que apareceram os grandes pintores" (Stendhal, 1868, p.23-4). É por isso que se pode falar em Heróico, em Miguel Ângelo e Caravaggio heróicos. Em personagens stendhalianas heróicas, que tomam em suas próprias mãos o seu destino e a sua sobrevivência.

Subjacente à noção de Justiça, Honra e Direito completam a caracterização do italiano. A honra em Stendhal é aquela do indivíduo puro e enérgico, juiz e testemunha de sua própria vida. À diferença dos meios mundanos do oitocentos francês, império da honra negativa que é a vaidade, a Itália é universo da honra como orgulho do eu absoluto; ela corresponde essencialmente ao domínio do *pathos* amoroso, já que grande parte das *Crônicas* concentra-se em torno da defesa e busca do amor, sentimento expressivo da energia stendhaliana e símbolo da italianidade. Mas ela também diz respeito à esfera do familiar. Nesse tocante, "A abadessa de Castro" é exemplar em certo momento da intriga: Hélène de Campireali hesita entre aceitar o normativo imposto por sua rica e poderosa família ou deixar fruir seus sentimentos pelo pobre e "*brigand*" Jules Branciforte. Há ainda a honra cívica – expressa por Pietro Missirilli –, embora ela se confunda com a amorosa, pois que a pátria (ou a sua defesa) assume o papel da mulher a conquistar e do amor a preservar.

Todo o motivo da defesa da honra, amorosa, familiar ou cívica, implica a noção de direito. Direito natural que outorga a todas as individualidades ameaçadas por um perigo vindo da exterioridade a possibilidade de defesa, de legítima defesa. Trata-se de defender seu amor e sua paixão, sua vontade e sua vida, contra tudo e contra todos. É a justiça exercida pelo direito do coração e do instinto, justiça que cria mecanismos capazes de impedir ou diminuir a invasão do inimigo. Que faz que Jules Branciforte, para se defender, penetre sua adaga no peito de Fabio de Campireali, representante do poder familiar que pretende impedir ao *"brigand"* o acesso ao coração de Hélène; que leva Béatrix Cenci a encomendar o assassinato de seu pai, tirano e maculador de sua honra virginal; ou, ainda, que atira Fabrice del Dongo sobre Gilletti, que o atacara e a quem desejava matar.[31] O ato violento, seguido com freqüência da morte, é ato libertador e expressão de uma vontade, de um *"sfogarsi"* (segundo a fórmula-chave da italianidade de Stendhal) em tudo aquilo que esse movimento de expansão tem de purificador e de enérgico. E, paradoxo, de virtuoso.

É por meio da ação, violenta ou não, que o homem chega à virtude, à *virtus* latina que exerce uma poderosa influência sobre o imaginário de Stendhal. *A cartuxa de Parma*, por exemplo, oferece excelentes paradigmas de virtude; a se pensar nas figuras de Fabrice, Sanseverina e Clélia. Ao longo das *Crônicas italianas*, e particularmente em "A abadessa de Castro", trava-se um dramático confronto entre virtude e *viltà*, vileza como queda na vaidade, hipocrisia e afetação, principais agentes corruptores do espírito. Contra a opressão sob as suas mais diversas formas opõe-se a virtude, virtude maquiaveliana que é entendida como instinto de liberdade, por vezes com ele se confundindo. Construída pela ação, torna-se linha de conduta, inaugurando assim uma eticidade própria. No momento em que há energia, ação, a moral se estabelece. É por isso que os *"brigands"* que vagueiam pelas florestas e pelo universo de "A abadessa de Castro", em vez de execrados são amados e admirados, em um exemplo de ausência de fronteiras morais, de elementos

---

31 "– Impeçam que os carabineiros me persigam – gritou para os operários – e os tornarei ricos. Digam-lhes que sou inocente, que esse homem *me atacou e queria matar-me*" (Stendhal, 1949, p.179). A tradução é de José Geraldo Vieira para a versão brasileira da *Cartuxa* (São Paulo: Difusão Européia do Livro, 1961, p.229). Entre colchetes são indicadas as páginas da edição brasileira e sua respectiva tradução.

que correspondem a um código de uso social. A admiração que os *"brigands"* provocam leva à constituição de uma ética do mérito, não mais baseada na opinião do Outro, mas, antes, na autonomia moral do homem. Ora, o eloqüente panegírico da ação nas *Crônicas italianas* e n'*A cartuxa de Parma* transforma o herói de Stendhal em verdadeiro *homo faber*, paradigmático homem de ação que observa e percorre o mundo reconhecendo-se nas coisas. À semelhança do homem renascentista, o *homo faber* stendhaliano é o ser que tudo sabe, que tudo faz, que tudo pode, que é tudo. Ele guarda em si uma visão de universalidade, reagrupando em sua existência os múltiplos homens, dos mais diversos ofícios, de toda espécie de méritos:

> Na Itália, um homem se distinguia por *todos os tipos* de mérito, tanto pelo hábil manejo da espada quanto pelas descobertas em antigos manuscritos; vede Petrarca, o ídolo de seu tempo; uma mulher do século XVI amava tanto ou mais um grande conhecedor de grego quanto um homem célebre pela bravura militar. Vivia-se das paixões e não do hábito da galanteria. Eis a grande diferença entre a Itália e a França, eis por que a Itália viu nascer os Rafael, os Ticiano, os Correggio. (Stendhal, 1964a, p.22[32])

Ao escolher o povo italiano como objeto de culto, ao louvar o homem renascentista que percorre grande parte das *Crônicas italianas* mergulhado em um universo de vinganças, de disfarces, de golpes de sabre, mundo dominado pelo passional, Stendhal – e seus manuscritos históricos transformados, artifício literário, em discurso romanesco – esclarece os modos de operar e pensar a sociedade italiana do quinhentos. Comprova-se uma vez mais sua recusa total do constrangimento, do pudor e da hipocrisia. O italiano das *Crônicas* e, mais tarde, da *Cartuxa* é inimigo da razão fria, da razão da conveniência. Ele é, por excelência, individualidade pura e sincera que busca sem cessar a felicidade e o amor; que acredita no caráter transformador e poderoso do *pathos*, embora o *ethos* não deixe de assumir uma importante função na *Cartuxa*. As "paixões profundas que deram tanto gênio" (Stendhal, 1964a, p.22[32]) aos artistas italianos do Renascimento foram igualmente responsáveis pela constituição de indivíduos caracterizados pela energia (sublime), pela vontade ou, de forma mais geral, pelo natural. Elas foram sobretudo "propícias à criação de homens dignos deste nome" (ibidem, p.24).[32] E permitiram a Stendhal procurar entre a verdade e a escrita, entre história e ficção, um equilíbrio que considerasse esse homem e esse mundo como imersos a um tempo em magia e realidade.

---

32 Jules Branciforte, por exemplo, inscreve-se nessa esfera de perfeição ontológica, movido que é por uma ação passional e, portanto, instintiva e criativa. A frase de Stendhal faz eco àquela de Hélvetius: "só as grandes paixões podem criar grandes homens".

Stendhal retratado por um artista anônimo.

1 BRIGANDAGE E ENERGIA

"Como ousas passar dessa maneira incessante por minha casa e lançar olhares impertinentes para as janelas de minha filha, tu, que nem sequer tens roupas para vestir?" (Stendhal, 1964a, p.35). Essa primeira intervenção do senhor de Campireali, patriarca da "poderosa famíla de Campireali" que "florescia nas primeiras fileiras da nobreza" (ibidem, p.28-9) quinhentista da cidade italiana de Albano, adverte-nos logo às primeiras páginas acerca dos modos de impostação ético e romanesco trabalhados pelo Stendhal italiano em "A abadessa de Castro", primeira crônica a compor a obra postumamente intitulada *Crônicas italianas*. Mediante um estilo conciso e *"presto"* que confere às palavras seu valor primeiro, denotativo – afastando-as, por conseguinte, do peso hiperbólico[1] que a elas conferiu a primeira geração romântica –, Stendhal estabelece um universo de diferenças, configura uma morfologia de confrontos, e aí delimita o espaço hierárquico no qual se moverão e agirão suas personagens. Será, pois, nos quadros restritivos de uma diferenciação de ordem social que as palavras do nobre Campireali descrevem Jules

---

1 "Eu abrando meu fogo sobre as tolices das *expressões* e das *descrições*" (Stendhal, 1952a, p.869). Não por acaso Alain distingue claramente Stendhal de Victor Hugo: o primeiro é "estranho à eloqüência", o segundo é considerado grande "orador"; o primeiro produz frases curtas e cortantes como uma adaga, o segundo prima por uma estética afetada e hiperbólica. Ver, ainda a respeito, a Introdução.

Branciforte como impertinente, ousado e de parcos recursos, como as próprias vestes o indicam. Indigno, pois, de qualquer aspiração ao amor de Hélène, jovem em seus dezessete anos, escondida por detrás daquelas janelas proibidas ao jovem Branciforte, ou braço forte, nome por si mesmo denotativo de sua condição virtuosa, de sua força e seu ardente caráter. A sociedade, travestida na figura do senhor de Campireali – e a nominação mostra-se uma vez mais indexical, indicando aqui o aristocratismo do patriarca –, ergue-se como potência animada: ela excomunga e pretende eliminar todos aqueles que, por precisas razões, não fazem parte de seus domínios; apresenta-se como uma máquina de perseguição e não mede esforços em sua luta de exclusão. Aos marginalizados, aos "fora-da-lei" não resta senão assumir uma atitude inconformista diante da vida. Ou, então, entregar-se à morte, que é ato enérgico, *élan* corajoso e movimento de libertação.[2]

Jules Branciforte, seguindo a postulação do heróico em Stendhal, opta pela ação e empenho viris diante das diferenças e obstáculos. Seu "ar vivo e desembaraçado" – enquanto o grande senhor é indivíduo de "nenhum espírito" – será o instrumento empregado no afrontamento de sua "má fortuna". O herói stendhaliano é aquele ser mais próximo do natural, herói virgem e nu, desarmado, exclusivamente construído pela penosa e constante experiência. Indivíduo formado por suas sensações, agindo de acordo com "aquilo que seu coração desejava" (Stendhal, 1964a, p.49), nem por isso se contenta em esperar passivamente pela vinda da experiência: sai, ao contrário, a seu encontro e em usufruto próprio a provoca. Suas virtudes conaturais nada mais são que aquelas do esforço e da atividade.

Jules Branciforte, à diferença de Octave – protagonista de *Armance* e quiçá uma das personagens stendhalianas mais afeitas à estética romântica em virtude de seu "ar fatal" e de uma atitude

---

2 Vale observar que é o fim reservado a Hélène de Campireali: após uma longa série de infâmias, tédio, vaidade, libertinagem, que mergulham a protagonista, feita abadessa de Castro, no registro das injustiças, dissimulações e mesquinhez, o gesto derradeiro da "adaga cravada no coração" novamente a insere no clima de pureza e naturalidade que Jules Branciforte para ambos construíra.

negativa diante de sua possibilidade de vida[3] –, busca seu interesse, caça e provoca sua própria felicidade. Suas virtudes, a simplicidade e a espontaneidade, inscrevem-se até mesmo no domínio da linguagem, pois que ele se expressa "com a mais perfeita simplicidade". Jules Branciforte é, enfim, portador de um "certo bom senso que pela sua elevação teria espantado os sábios" (ibidem, p.8).

Não seria demasiado assinalar que Stendhal, em consonância com sua ética e estética do natural, trabalha esse temperamento como o sucedâneo literário dos heróis da Antigüidade,[4] latina sobretudo, daquelas figuras que, de um modo ou de outro, tornaram-se como que suspensas na história, atemporais, transmitidas pelos sinais e despojos de uma civilização recolhida cá e lá entre as ruínas romanas. Não por acaso a morada de Jules Branciforte, "uma miserável casa construída na montanha ... no meio das ruínas de Alba", ornada por duas arcadas, "resquícios de um aqueduto antigo" (p.34 e 35), recupera nitidamente todo aquele gosto que, desde finais do século XVIII, nutrira-se da atmosfera romana, poeticamente impregnada de um simbolismo virtuoso e heróico. Ao locar a casa do "paupérrimo" Branciforte ao pé de monumentos agora

---

3   *Armance*, primeiro romance de Stendhal, composto em 1826, é texto sobre o qual pairou uma espécie de interdito ao longo do século XIX. Em razão do "terrível segredo" do nobre e rico Octave de Malivert, qual seja, sua provável impotência sexual – em momento algum revelada pelo narrador, mas à qual alude Stendhal em carta a Mérimée sob a denominação de babilanismo –, *Armance* era considerado texto escabroso. Octave, a fim de não se apaixonar e sofrer os reveses que seu segredo inevitavelmente lhe traria, impunha-se uma disciplina austera e total controle de si, embora dominado em muitas ocasiões por inexplicáveis acessos de fúria. De nada servem seus cuidados: em meio a intensos conflitos morais, entrega-se à paixão amorosa que experimenta pela senhorita Armance de Zohiloff, sua jovem e pobre prima, de origem russa. Entretanto, a sociedade parisiense de 1827 intervém, arquiteta um sórdido plano de separação – no qual uma simples carta falsificada desempenha papel fundamental – que leva à morte o jovem visconde e conduz ao claustro conventual a infeliz prima.

4   Napoleão, que exercera uma poderosa influência sobre o imaginário stendhaliano (Julien Sorel, de *O vermelho e o negro*, a ele se referia sempre em tom apaixonado), seria considerado quase como um imperador romano, "sucessor de Júlio César e de Alexandre". Ver ainda a esse respeito a abertura de *A cartuxa de Parma* e a influência da figura napoleônica sobre o caráter de Fabrice del Dongo.

informes, a voz autoral pretenderia conferir-lhe o estatuto de descendente, por assim dizer, de uma história ainda presente, que retorna a seu estado de coisa e de natureza. De fato, as ruínas, símbolo mesmo da poeira dos tempos, "[evocam] antes a permanência da obra humana que sua fragilidade; demonstram sua permanência em vez de sua efemeridade" (Crouzet, 1982, p.303).[5] Pelo fato de se ver rodeado das intermitências do passado, Jules Branciforte bebe, enfim, diretamente das fontes heróicas, das reservas permanecidas intactas sob o mundo vegetal. Reservas de tóda uma energia as quais transcendem os tempos e para sempre se instalam, paradigmáticas, no presente da sensibilidade e das sensações humanas.

O caráter virtuoso de Branciforte – e devemos sempre nos ater às noções de espontaneidade e de simplicidade formadoras do indivíduo natural – acentua-se ainda mais pelo seu lavorar a terra. É nesse sentido que trabalhar continuamente seu próprio sustento estabelece uma íntima comunhão entre terra e individualidade, entre natureza e homem.[6] Jules Branciforte cultiva seu próprio jar-

---

5 A espiritualidade setecentista deixara-se envolver por esse vestígio do passado que enobrece a natureza, que transforma um panorama banal em paisagem heróica e idílica. Todavia, há igualmente, e atuando na contracorrente, a melancolia: sonhar no interior de ruínas é sentir que a existência humana ganha o imenso esquecimento. É Diderot quem expressa tal sentimento: "As idéias que as ruínas em mim suscitam são grandes. Tudo se aniquila, tudo perece, tudo passa. Há apenas o mundo que permanece. Há apenas o tempo que perdura. Como esse mundo é antigo! Caminho entre duas eternidades. Para todos os lados que lanço o olhar, os objetos que me rodeiam anunciam um fim e resignam-me àquele que me espera. Como minha existência é efêmera se comparada à desse rochedo que se enfraquece, desse vale que se torna oco, dessa floresta que vacila, dessas massas suspensas acima de minha cabeça, e que se agitam! Vejo os mármores dos túmulos tornarem-se poeira, e eu não quero morrer...! Uma torrente leva as nações uma a uma ao fundo de um abismo comum; eu, eu só, pretendo parar à margem e abrir passagem entre as águas que correm ao meu lado" (apud Starobinski, 1964, p.183).

6 A esse respeito, Stendhal desenvolve em "Lamiel" a perfeita união entre dois mundos, o humano e o natural, união determinante na formação de toda personalidade sem afetação. Se Lamiel é invadida e dominada pelo tédio quando freqüenta, ora a sociedade de Carville, onde desempenha as funções de leitora no castelo da duquesa de Miossens, ora os salões mundanos de Paris ou de Rouen, será junto ao campo que ela gozará de sua verdadeira felicidade.

dim, dali retira "as ervas que [o] alimentam" (Stendhal, 1964a, p.38): a natureza é, enfim, sua fonte de subsistência, de energia, sua fonte de vida. Descendente dos tempos heróicos da latinidade, não apenas pelo fato de se rodear da história transformada em pedra e pó, mas também por trabalhar o solo repleto de historicidade, Branciforte constituir-se-ia no ideal romano reencarnado.

A caracterização de Jules Branciforte não estaria completa se ele não desempenhasse as funções de *"brigand"* e se não fosse *"filho de brigand"*.[7] De fato, "A abadessa de Castro" não pode ser lido sem a elucidativa introdução a respeito desse particular agrupamento de homens. Servindo-se de todo seu instrumental histórico e romanesco, Stendhal apresenta seu encômio dos *"brigands"*. Por força de uma pretensa fidelidade à verdade histórica – "Conheço a história do século XVI na Itália e creio que o que se segue é perfeitamente verídico" (ibidem, p.146) –, o cronista alude "[às] primeiras histórias escritas na Itália após o século XI que já faziam menção aos *brigands*", que teriam existido desde "tempos imemoriais" (p.25). Segundo a visão de italianidade de Stendhal, isso significaria a permanência de uma particular virtude, construída acima de tudo pela defesa da liberdade. Tais *"brigands"*, e a perspectiva stendhaliana ideologicamente recusa a denominação de *"soldats d'aventure"*,[8] são, na expressão da voz autoral, "os mais enérgicos republicanos [que] se refugiaram nos bosques" (p.25). Ora, esses republicanos confundir-se-iam com aqueles que "amavam a liberdade mais que a maioria de seus concidadãos" (ibidem). Configura-se, assim, ideal-

---

Essa figura cujo "natural [do] caráter inscrevia-se no rosto" e que possuía "muita vivacidade e energia para caminhar lentamente e com os olhos abaixados" (Stendhal, 1952c, p.914) pode realmente se realizar correndo "pelos campos, seguindo pequenas trilhas, às vezes não seguindo trilha alguma, e parando para usufruir de sua felicidade..." (p.992). É ao contato com o mundo natural que ela se emociona: "[a estrada de Paris] conduzia-a às tílias, cujo cimo frondoso ela via se elevar acima das casas, e essa vista fazia pulsar seu coração. Irei ver de perto, dizia-se ela, essas árvores tão belas! Essas famosas tílias faziam-na chorar aos domingos e pensava nelas durante todo o restante da semana" (p.903).

7 Vale assinalar que, na versão brasileira das crônicas, o termo *brigand* torna-se *bandido*.
8 Ou *soldados de aventura*, como quer a tradução brasileira.

mente, aquela grande virtude do *"brigandage"* que o exclui da esfera da simples criminalidade: eles são apresentados como "a *oposição* contra os governos atrozes que, na Itália, sucederam-se às repúblicas da Idade Média" (p.21).

Republicanos, *"brigands"* e libertários são, para a ética do natural, uma única forma de intervenção, freqüentam um mesmo universo; conformam, em última instância, uma única individualidade virtuosa, que se transporta da realidade histórica, ou do que Stendhal toma como tal, para o imaginário romanesco, tornando-se personagem. É dessa maneira, à luz de um procedimento estético que transforma individualidades históricas e ideologicamente verificáveis em figuras literárias, que deve ser lida a ligação Branciforte-*"brigands"*. Donde sua força expressiva e sua veracidade. Para tanto, a instância narrativa recorre a uma certa verossimilhança, única via capaz de aproximar narrativa literária daquilo que tão obsessivamente pregara: o conhecimento "dos sentimentos escondidos nas profundezas do coração" (p.24). Somente assim o literato (e precisamente como literato) afastava-se do puramente mítico de uma humanidade perdida para reencontrá-la historicamente realizada em um tempo e espaço precisos: o século XVI italiano. Processava-se então, no interior de uma arqueologia literária, o reencontro com uma civilização tão almejada, eminentemente presente nos heróis *"brigands"*: heróis históricos, heróis fictícios, alçados à perfeição na figura de um Jules Branciforte. Heróis porque "o coração do povo estava com eles"; porque "se os bandidos nem sempre conseguiam punir esses pequenos governadores déspotas, ao menos zombavam deles e os desafiavam, o que não é pouco aos olhos desse povo espiritual" (p.23 e 34[33]). Os *"brigands"* agem, pois, em nome do popular, sua divisa é a liberdade e sua atuação é aquela que objetiva a "libertar o oprimido" (p.24).[9]

Se tal "estado de civilização faz tremer a moral", como reconhece o próprio Stendhal no prefácio de "A abadessa de Castro", é porque

---

9 Importa assinalar que grande parte do vocabulário a respeito dos *"brigands"* faz sobretudo menção a oprimidos e opressores, povo e governantes déspotas, indivíduos e famílias poderosas. Herança, quiçá, do republicanismo stendhaliano, daquele republicanismo que justifica a violência para a instauração de uma liberdade.

os homens do século XIX francês incorporaram a seu modo de vida noções referentes apenas aos limites do Bem e do Mal, idéias de justo e de injusto, que nada mais são que fruto de necessidades adquiridas junto ao meio social.[10] A sofisticação mundana da sociedade parisiense – microcosmo do universo europeu – dita em princípios do século modas e costumes que primam pela afetação e pela vaidade. Se os modos de valoração se estabelecem tão-somente pelo contato com o Outro, se se formam unicamente segundo comparações, os homens do século XIX vivem, por conseguinte, constantemente sob a exigência do ser superior a outrem, e, paradoxalmente, do ser escravo desse outrem. O indivíduo dominado pela vaidade é aquilo que ele não é, ostenta uma atitude que é contra seu natural; está preso, pois, à esfera do organicamente social (cf. Crouzet, 1985, p.63).[11] Em suma, Stendhal parece estar de acordo com a tese desenvolvida em *Corinne* por Madame de Staël: é em contato com o social, ou com a sociedade, que a vaidade se constitui. De modo que, a se desdobrar essa leitura, deve-se em seguida admitir, e muito logicamente, que, se a Itália stendhaliana desconhece a vaidade, ou o *"désir de parestre"* (Stendhal, 1964a, p.17), isso se dá em razão da ausência do social, de sociedade, ao menos como superestrutura impositiva suficientemente delimitada. De fato, o universo italiano das *Crônicas italianas* caracteriza-se pela inconsistência do Estado, pelo domínio dos "pequenos tiranos". O homem do quinhentos vive em meio a um mundo anárquico, império da anomia e da opressão generalizada. "A Itália é o paradoxo de uma sociedade tão malfeita, de um poder tão inimigo, que a própria sociedade torna-se a-social" (Crouzet, 1982, p.211). E, longe da esfera social, o italiano não possui mestre nem senhor, ele próprio pode ser o Estado, a lei, o direito ou, ainda, a força armada. Jules Branciforte acreditava, com efeito, que "com minha coragem e minhas armas, eu era igual a todos; nada me faltava" (Stendhal,

---

10 Talvez se pudesse aqui reconhecer um Stendhal leitor de Rousseau, cuja teoria de base repousa, *grosso modo*, em uma recusa do social e no privilégio dos instintos e das paixões que estabelecem uma certa moralidade.

11 Também para Rousseau, o homem, ao se comparar ao Outro, alimenta a vaidade e passa a viver em razão da opinião. Projeta-se no julgamento alheio e veste uma máscara. Não é mais ele mesmo, não é mais sua própria natureza.

1964a, p.38). Quando o Estado é violência pura, injustiça descabida, o indivíduo é, por sua vez, força pura, a se crer que "meu punhal teria me feito justiça imediata" (ibidem, p.38).

É em virtude dessa perspectiva de estado anárquico, cujas estruturas tirânicas visam aniquilar o Eu, que se faz aqui a hipótese de Stendhal leitor de Thomas Hobbes. Assim como para o teórico inglês, o universo social italiano apresenta-se como o domínio da guerra perpétua, em que a violência latente e o recorrer às armas oferecem-se como único meio de se salvaguardar da injustiça e da opressão.[12] Essa guerra, segundo Stendhal, foi declarada pelos poderosos; aos inimigos e aos perseguidos pela tirania não resta outra alternativa senão aquela da ação, da luta armada. A se persistir nessa perspectiva, ver-se-á Branciforte assumir seu lado virtuoso na percepção mesma de que, para enfrentar a separação perpetuada pela sociedade entre ele e Hélène de Campireali,[13]

> tratava-se inicialmente de ultrapassar pela força ou pela destreza a primeira porta do convento; depois seria preciso seguir uma passagem de mais de cinqüenta passos de comprimento. À esquerda, como já se disse, erguiam-se as janelas gradeadas de uma espécie de caserna em que as religiosas alojavam trinta os quarenta domésticos, antigos soldados. Dessas janelas gradeadas partiria o fogo cerrado quando fosse dado o alarme. (Stendhal, 1964a, p.93[75])

A ação de Jules Branciforte confunde-se assim com a de todo o "*brigandage*", pois que ambos escolheram o fazer como meio de transgressão de tudo aquilo que se lhes impõe como antinatural. Jules e os "*brigands*" são a mais pura expressão do natural heróico, escolheram a glória das ações, buscaram o natural nessas mesmas ações e expressaram sua vontade por meio da luta. Virtude, ação e

---

12 Fica evidente que se pensa aqui em termos absolutos, pois que, em um registro mais particular, sabe-se que os enunciados de Hobbes são assim trabalhados a fim de justificar a necessidade de um Estado forte para a Inglaterra do século XVII.
13 E, segundo Michel Crouzet (1985, p.92), "toda obra de Stendhal apenas apresenta as variantes de uma separação dos amantes pelas diversas instâncias da lei ... O desejo choca-se sempre com as leis, e o desejo é fora da lei ... Os textos dizem-nos que, para Stendhal, a sociedade detesta a felicidade e a repudia como uma dissonância detestável".

luta convergem a um único valor, a noção de energia, transformada em verdadeira pedra-de-toque da obra italiana de Stendhal.[14] Energia que é expressão de uma força puramente humana, porque interior, dedicada a satisfazer desejos e paixões poderosos; que se traduz em potencialidades infinitas, em ações de almas ardentes e apaixonadas. Os *"brigands"* são o paroxismo desse ímpeto enérgico, daquela "elevação do homem ao gênero do semideus" (Weise, 1961, p.84), daquele ser que descobre sua própria potência libertando-se do jugo teocrático que o enfraquecia. A ética stendhaliana, do mesmo modo que aquela do Renascimento italiano, contrapõe-se à "humildade ascética e à preciosidade cavaleiresca típica da Idade Média tardia" (ibidem, p.84). Ela parece emprestar seu ideal àquilo que a nova era designara com o termo "heróico", isto é, "aquele ideal de majestade, de magnanimidade e de magnificência que substituíra a sublimação do aspecto físico e da faculdade espiritual por um vigor e uma perfeição fora do comum" (ibidem). Esse novo estatuto do homem, que em si incorpora espiritualidade e força – não apenas força física, mas também a que se eleva ao supramundano em razão dos componentes vivacidade e engenhosidade –, compõe o caráter de Jules Branciforte: ao mesmo tempo em que com destreza manipula punhais e espadas, "ele sabia latim, ensinado por um padre". Se a si mesmo diz que "talvez um dia seja preciso voltar a Castro para seqüestrar Hélène", será por meio da observação e do raciocínio que encontrará os "meios de penetrar no jardim do convento" (Stendhal, 1964a, p.47 e 85). "Força" e "destreza" fazem parte de um mesmo imaginário do natural expresso em seu pleno evoluir na figura romanesca de Branciforte. Significam, enfim, aquilo que se supõe ser a mais plena afirmação do Eu e o mais claro exemplo do exercício heróico da pessoa.

Contudo, esse Eu em luta contra a convenção que separa e condena, que impõe barreiras quase que intransponíveis entre os

---

14 Ou obra de temática italiana, da qual igualmente faz parte o romance *La chartreuse de Parme*. Observe-se, aliás, que Stendhal, chamado por Philippe Sollers "O *italiano*" (1996, p.559), aplica essa noção de energia a diversos registros, mas sobretudo às artes plásticas, cujos paradigmas são Leonardo da Vinci e Miguel Ângelo – precisamente "materialização de energia" como sublinha Sollers (p.562).

amantes, será forçado a lançar mão de um outro expediente que não aquele da própria experiência e engenhosidade. Tal será o episódio em que Jules Branciforte se vê compelido a recorrer a alguns "*brigands*" (ibidem, p.93[74]) para entrar no Convento da Visitação de Castro. Por não deter o poder de si mesmo, ele terá o apoio bastante eficaz daquele contrapoder formado pelo "*brigandage*". E, provavelmente em resposta às exigências stendhalianas de manifestação da energia, esses "*brigands*" possuem não o poder, mas *um* poder, oculto, latente, marginal e marginalizado, sem riscos de adormecer sob o peso das instituições, e por isso mesmo, puro até o final. Não é a própria Roma, como nos lembra Stendhal (s. d., p.644), "um retiro de *brigands* corajosos sob um chefe *brigand* temerário chamado Rômulo"? A intimidade que se estabelece entre a figura de um Jules Branciforte e aquela dos "*brigands*" em geral reitera precisamente a apologia do conceito de energia, força sensível que impulsiona à ação, que guia sensibilidades a agir em benefício próprio e, ao mesmo tempo, em favor de um Outro oprimido e igual a si. Essa energia é, em suma, criação e persistência de uma vontade virtual; apanágio de uma individualidade que, embora única e a exemplo de um Branciforte apenas provido de "ar vivo e desembaraçado" (Stendhal, 1964a, p.34), rompe amarras para finalmente alcançar sua plenitude. Que pode, ao final de seu percurso heróico, confundir-se com a morte.

2 CRIME COMO JUSTIÇA

"Quando a justiça é apenas a arma do mais forte ...
o homem regressa ao estado de natureza e o
assassinato torna-se um direito."

(Marquês de Sade, *Justine*)

Embora a morte pareça quase sempre assombrar a individualidade italiana, é bem verdade que ela a provoca. Parte do universo das *Crônicas italianas* é delineada pela relação que se estabelece entre indivíduo e morte e, sobretudo, pela função que assume o assassinato. Já em 1818, Stendhal esboçara, de forma epigráfica, os contornos de uma particular perspectiva: "Há um belo livro a escrever: o elogio do assassinato" (cf. Crouzet, 1985, p.164). Ora, aquilo que então se prenunciava era a apologia do bom e virtuoso crime, não mais dos "crimes fundados sobre o dinheiro [que] são apenas vulgares" (Stendhal, 1964a, p.19), mas, antes, dos que se mostram como influxo a um só tempo sangüíneo e ético. Se na França e na Inglaterra, como diz Stendhal, "mata-se para obter algum dinheiro", na Itália o crime se autojustifica, pois que é cometido em nome de uma paixão, entendida mais como ação subversora e menos como sentimento amoroso. Nesse sentido, a comum concepção que traça registros bastante delimitados para o Bem e o Mal ausenta-se das "historietas romanas" em favor da pintura de uma individualidade forte e repleta de coragem.

A particular acepção assumida pelo assassinato só pode ser plenamente compreendida na sua significação ética e estética, a ela aliando a noção de direito natural que permite a um ser singular, na luta contra o Destino, defender-se de uma sociedade de regras mal construídas e enfraquecidas. O assassinato será para esse ser a única via de salvação, arma para fugir da destruição imposta pela justiça organizada, institucionalizada, opressora e, por conseguinte, legitimadora da não-virtude. A Justiça, para o Stendhal crítico, torna-se arma do mais forte, instrumento de expressão de uma iniqüidade que atua não apenas no domínio do político, mas também, e sobretudo, do familiar e do religioso. Quando o indivíduo exemplar de Stendhal recorre ao punhal, seu ato não mais se enquadra no interior dos estatutos da simples criminalidade, mas, antes, naqueles de uma Justiça diversa, de sangue e honra, originária e pura, preservada dos excessos de uma civilização cujos ritmos pulsam de acordo com interesses desiguais, na busca da satisfação egocêntrica e pouco atenta ao Outro. Nesse sentido, o Stendhal historiador de arte parece familiarizado com a ortodoxia historiográfica que insiste em conferir a figuras como Miguel Ângelo a perspectiva de elogio do crime como forma de resistência: se o italiano defende o emprego do assassinato é porque, na expressão mesma do artista italiano,

> aquele que mata um tirano não mata um homem e sim um animal que tem de humana apenas a aparência. Todos os tiranos são destituídos daquele amor que cada um deve sentir naturalmente pelo próximo; são privados de inclinações humanas, não são mais homens, portanto, são animais. É claro, pois, que aquele que mata um tirano não comete assassinato porque não mata um homem e sim um animal. (apud Rolland, 1976, p.83)

Igualmente no universo stendhaliano: aquele que mata um tirano assim o faz em ato de defesa, em benefício do livre curso de sua paixão e energia, e em oposição a tudo o que seja crime de lesa-humanidade. O assassinato transforma-se, pois, em autodefesa.

É precisamente segundo esse particular *ethos* que é trabalhada a protagonista da crônica intitulada "Os Cenci": Béatrix, "alma realmente romana" (Stendhal, 1964a, p.190) recorrera, no final do século XVI, ao parricídio a fim de salvaguardar seu direito à integridade pessoal. Na descrição inicial que faz de François Cenci, pai da protagonista, a voz autoral parece comprovar e explicitar sua tese de assassinato como fuga da desonra e da destruição de uma individualidade. É por isso que os traços distintivos de François Cenci, "don Juan romano" (ibidem, p.186),[1] pertencem à área semântica inerente ao sentimento do atroz e do horrendo: "o retrato que reproduzirei é terrível ... está mais próximo do horrível que do curioso" (p.186).

Os predicativos empregados por Stendhal na sumária apresentação do pai de Béatrix transformam-se em signo mesmo de "vida execrável " e "antinatural":

> a vida execrável que sempre levou Francesco Cenci ... findou por conduzi-lo à própria perda. Ele arrastou à morte prematura os seus filhos, jovens fortes e corajosos ... pelos quais nutria um ódio excessivo e antinatural já desde a sua mais tenra idade, quando eles ainda não o podiam ter ofendido em coisa alguma. (p.189 e 193[141 e 144])

Além disso, esse "monstro" resolvera levar ao "suplício" sua filha, "a jovem Béatrix, que contava então apenas quatorze anos, mas que já estava em pleno esplendor de sua beleza" (p.195). Antípoda da beleza que aprisionara em um dos aposentos de seu imenso palácio, François Cenci destaca-se essencialmente pela ausência de virtude, por seu caráter sujeito a "caprichos extravagantes". A jovem Béatrix torna-se, então, vítima desse "homem horrível", de suas "execráveis vontades" e de suas "idéias abomináveis"; ele tenta, por fim,

> empregando a força, violar sua própria filha Béatrix, que já estava grande e bela; não se envergonhou de se intrometer no seu leito estando em completa nudez. Passeava com ela pelas salas do palácio totalmente despido; em seguida, a levava ao leito de sua mulher a fim de que à luz das lanternas a pobre Lucrezia pudesse ver o que fazia com Béatrix". (p.196[146])

---

1   No prefácio de "Os Cenci", Stendhal reflete acerca do tipo do Don Juan presente na música e nas letras, e conclui que o Don Juan romano representado por François Cenci é imperdoável, pois "ninguém pode vislumbrar nele esses momentos de verdadeira ternura e encantadora vivacidade" (Stendhal, 1964a, p.186[139]).

Um tal componente de "horror" atuará como elemento de desarmonia em relação ao "admirável" na descrição de Béatrix. Mais: justificará a ação criminosa da protagonista. Se a atrocidade e perfídia iniciais são características da figura paterna, ternura e simplicidade servirão como traços da figura filial: "essa pobre Béatrix" era "adorada e respeitada por todos que a conheceram, tanto quanto seu horrível pai era odiado e execrado" (p.190). Esse rápido quadro dos caracteres será decisivo na prefiguração de um crime cometido em legítima defesa:

> os excessos [de François Cenci] forçam duas mulheres infelizes a mandar assassiná-lo diante de seus olhos; essas duas mulheres eram a sua esposa e a sua filha, e o leitor não ousará decidir se elas foram ou não culpadas. Seus contemporâneos acharam que elas não deviam perecer. (p.189[142])

A fim de acentuar a noção de crime como justiça, Stendhal serve-se, ainda em "Os Cenci", de um recurso que se fizera presente ao longo das demais crônicas, mas que aqui aparece em toda sua expressividade: a fisiognomonia, garantia não apenas de indexação do pai como perseguidor e perverso, e da filha como vítima e infeliz, mas também como prova da autenticidade histórica da narrativa. Assim, François Cenci e Béatrix, pelos retratos pictóricos expostos na galeria do palácio Barberini, aproximam-se, respectivamente, do registro do caricato e do disforme e do registro do sublime e do gracioso – conquanto Béatrix seja focalizada na agonia de sua execução em praça pública. Segundo, pois, essa diferenciação a um só tempo física e moral, François Cenci era

> um homem de aproximadamente cinco pés e quatro polegadas, muito bem talhado, embora bastante magro; tinha fama de ser muito forte, fama essa talvez espalhada por ele mesmo; seus olhos eram grandes e expressivos, mas a pálpebra superior caía demasiado; tinha o nariz muito volumoso e pronunciado, os lábios finos e um sorriso cheio de graça. Este sorriso tornava-se terrível quando ele fixava o olhar sobre seus inimigos. (p. 192[143])

Os traços que não fazem mais que negar a proporção e os atrativos terminam por destituir a figura de François Cenci de uma certa humanidade, transformando-o em indivíduo desagradável e sem virtudes. Sua filha Béatrix, ao contrário, possui

> a cabeça bela e suave, o olhar muito doce e os olhos muito grandes: têm o aspecto aturdido de alguém que é surpreendido no momento em que verte lágrimas ardentes. Os cabelos são louros e muito belos. Essa cabeça nada tem do orgulho romano e desta consciência de suas próprias forças que se surpreende às vezes no olhar confiante de uma filha do Tibre, *di una figlia del Tevere*. (p.187[140])

Tal descrição, em que se fazem ausentes quaisquer caracterizações negativas, parece privilegiar a melancolia e ternura da jovem Béatrix. Efeito impressivo do discurso: os olhos emudecidos pelas lágrimas comoveriam não apenas o leitor, mas teriam sido motivo de piedade e comoção junto à multidão romana: "todos tinham os olhos repletos de lágrimas à medida que percebiam Béatrix avançando lentamente nas últimas fileiras da procissão" (p.214). A beleza de Béatrix Cenci, trabalhada por um narrador que interfere na imagem, afasta-se assim do campo puramente físico-descritivo para alcançar o ético, enunciando a noção de graça – "ao caminhar para a morte, seus cabelos louros e anelados caíam sobre seus olhos, o que lhe conferia uma certa graça e produzia compaixão" (p.218) –, altivez e, sobretudo, a noção de energia.

A figura da jovem Béatrix e a inevitável morte de seu pai correspondem à lógica estabelecida por Stendhal, que parece pretender corrigir retoricamente os desvios humanos por meio de suas personagens virtuosas. Se a morte, ou o assassinato, mostra-se como a via escolhida, isso se deve provavelmente ao fato de o século XVI italiano, segundo entendia o romancista, não conhecer senão a força, ao menos aquela ao alcance dos desprotegidos da justiça institucionalizada. Nesse sentido, é paradigmático que Béatrix, antes de recorrer à solução extrema do parricídio, tentasse junto ao papa Clemente VIII a punição do patriarca dos Cenci, desonra da família.

Com isso, François Cenci e a família Campireali em "A abadessa de Castro" assumem um mesmo traço característico: são déspotas que agem contra individualidades nutridas pela virtude, energia e paixão. Déspotas a serem enfrentados por Béatrix e pelo *"brigandage"*, que tem em Jules Branciforte seu mais elevado paradigma.

Tanto um quanto outro devem ser entendidos como um só exemplo de singularidade, aquela que vê sua honra ultrajada e que por isso mesmo se ergue repleta de coragem e de vontade. Coragem e vontade são, aliás, dois elementos constitutivos do universo ontológico stendhaliano. Percorrer as *Crônicas* sem a eles se referir seria não compreender o específico pulsar de figuras como Béatrix e Jules: ambos agem impulsionados pela vontade, por aquele sentimento que é, acima de tudo, possibilidade de construir um mundo à sua maneira, *élan* de uma personalidade que tem força para ousar e coragem de ser. Segundo essa leitura, não seria demasiado assinalar que o homem stendhaliano define-se preferencialmente na esfera da ação, ser *poiético* por excelência, sempre superior a toda contemplação e apatia. O *homo faber* tão caro ao humanismo histórico, o homem da ação tempestuosa referido na Introdução, parece conformar as personagens das novelas. Do contrário, como compreender um Jules Branciforte que, à ameaça de agressão de Fabio de Campireali – irmão de Hélène – "agarrou sua adaga sob sua vestimenta de monje" (p.58); ou uma Béatrix que se decide a "lançar mão do partido extremo que causou sua perda, mas que teve a vantagem de pôr termo a seus sofrimentos nestes mundo" (p.197)? Porque o herói stendhaliano não teme a morte, ou a dor. De certa forma, cumpre aqui interrogar: a coragem presente nas personalidades de destaque das novelas não emprestaria sua acepção ao *corpus* filosófico de Thomas Hobbes (1971, p.89-90), sobretudo quando o teórico define essa "paixão", em um sentido comum e preciso, como "o menosprezo da dor e da morte, ausência do medo diante de um certo mal"? De fato, Béatrix, "esgotada pelas coisas horríveis que teria de suportar" (Stendhal, 1964a, p.199), escolhe o parricídio como única saída, enfrentando a punição com altivez e tranqüilidade: já sobre o cadafalso, trajando vestes simples, à semelhança dos hábitos monacais (ibidem, p.212[156]), "a jovem Béatrix ... demonstrava uma grande coragem; voltando os olhos para cada uma das igrejas diante das quais passava a procissão, ajoelhava-se por alguns instantes e dizia com uma voz firme: *Adoramus te, Christe!*" (p.216[157]).

Jules Branciforte, por sua vez, deve afrontar não a morte, mas sua iminência. Ele sofre a dor física com coragem e demonstra ainda maior superioridade de espírito ao enfrentar as conseqüências de seu encontro com Fabio de Campireali. À morte deste, "no combate dos Ciampi", onde amante e irmão de Hélène travam uma sangrenta luta – "a espada de Jules entrou em meio pé na garganta de Fabio e dela fez jorrar um enorme jato de sangue" (p.65) –, a jovem Campireali é transferida inicialmente para o Convento da Visitação de Castro. Decreta-se assim, pela diferenciação de ordem social, a separação definitiva de dois mundos irremediavelmente opostos. A coragem de Jules reflete-se em sua persistência, na constância de seu desejo e de sua paixão por Hélène. Mesmo depois de anos e de exílio forçado junto às tropas espanholas, longe da Itália, Branciforte guarda intacto seu interesse amoroso primeiro, Hélène: "no dia seguinte de sua chegada, Jules ousou marchar em direção de Roma" (p.137), para onde fora conduzida (e enclausurada no Convento de Sainte-Marthe) a jovem protagonista, punida em razão de suas ligações amorosas com um arcebispo e da gestação de um filho, crimes cometidos contra o código religioso.

Todo esse universo parece corresponder àquela noção abrangente, a energia, que a crítica literária concorda em conferir à produção romanesca de Stendhal. Na verdade, quando o romancista se alia ao "criminoso",[2] quando justifica os atos violentos e amorais de seus arquétipos italianos do Renascimento, não somente conforma uma ética, mas também uma estética da violência. Ética e estética que procuram no século XVI peninsular o apogeu do natural, verdadeiro traço genealógico da alma romana. É segundo essa perspectiva que se deve compreender o elogio da criminalidade. E fazer o elogio da italianidade é, de certa forma, fazer o elogio do italiano no papel de assassino (cf. Crouzet in *Quaderni di Cultura Francese*, n.23, 1985).

Esse italiano assassino é entendido como figura endêmica, consubstancial à Itália, sobretudo àquela que aniquilou as repúblicas medievais para instalar pequenos Estados a cargo de déspotas mais

---

2 "Criminoso" que Balzac igualmente iluminará em seus romances. Como nos lembra Adorno em suas *Notes sur la littérature* (Paris: Seuil, 1964), no capítulo intitulado "Lectures sur Balzac", os "proscritos" locados na cena balzaquiana são a parte verdadeira humana da humanidade; os verdadeiros "criminosos" não são outros senão os burgueses.

que terríveis. Sua violência é conseqüência e resultado naturais dessas tiranias, além de expressão e triunfo do apogeu enérgico e da sensibilidade, símbolos mesmo de toda e qualquer vitalidade. Por meio do assassinato, o ser italiano atinge o limite de sua condição humana, em que desejo e realização constituem uma unidade paradoxalmente sobre-humana, um momento de coincidência inaudito. Não por acaso, em *Promenades dans Rome*, Stendhal (s. d., p.74) pretende descobrir as origens de seu italiano junto "às grandes e simples ações atribuídas à figura de Hércules". Essa aproximação virá, aliás, responder àquela significação do italiano como indivíduo que se vinga e que, ainda à semelhança de Hércules e igualmente seguindo a "idéia sublime de Don Quixote", "parece ter percorrido a terra para punir os opressores e socorrer os oprimidos" (ibidem, p.74).

A Itália stendhaliana impulsiona suas individualidades a fazerem "justiça por si próprias" (p.138).[3] A figura dos "*brigands*" parece uma vez mais se sobressair. Esse ato de soberania absoluta faz parte do Eu que é, ao mesmo tempo, vítima e juiz. Justiceiro, enfim, ou aquele que se vinga para se outorgar poderes de legislador em nome dos direitos do homem e, mais precisamente, em nome de sua defesa individual. A justiça do coração e do instinto, que irrompe no interior de todo esse cenário de autolegiferação, determina, ainda, longe da esfera dos "*brigands*", a leitura da figura de Béatrix Cenci, jovem "da coragem motivada pelo pudor ultrajado" (Stendhal, 1964a, p.202). Subjugada pelo pai, ofendida, violada, o crime de "Béatrix fora cometido para salvar a honra" (ibidem, p.210). A "tão bela, tão corajosa jovem repleta de vivacidade" (p.204-5) apresenta-se em plena harmonia com a representação do italiano vindicativo, indivíduo que se vinga para impedir que o outro o aniquile. A vingança em defesa do Eu constitui-se, pois, em direito, direta-

---

3 Esse italiano, que está fora da lei, e acima dela, parece dar continuidade a um dos artistas renascentistas mais admirados por Stendhal: Benvenuto Cellini. Em *Vita*, lê-se uma passagem paradigmática relativa a tal anomia: "O papa voltou-se para ele e respondeu: 'Vós não podeis saber as coisas tão bem como eu. Sabei, que homens como Benvenuto, únicos na sua profissão, não podem ser obrigados a respeitar a lei, e mòrmente ele, cujas razões conheço muito bem" (Cellini, 1939, p.170).

mente exercido por meio da ação, do crime, ou da violência. Assim, quando Béatrix contrata o assassinato de seu pai, ela não faz senão "usar do direito de se defender" (p.209). Não deve, pois, ser inscrita nos estatutos da criminalidade comum, mas, antes, naqueles da justiça originária que justifica o ato por legítima defesa.

O elogio do assassinato das *Crônicas italianas* leva à conclusão: todos os habituais sentimentos sociais foram subvertidos no interior da matéria literária. A perspectiva de Stendhal – e mesmo "sua justificativa 'burguesa' que contempla um direito de força e pronuncia uma virtude do crime" (cf. Crouzet in *Quaderni*..., 1985, p.206) – estabelece um universo desprovido de fronteiras morais, em que atuarão, para além dos limites do Bem e do Mal, as personagens italianas. O Vindicativo não atua jamais segundo códigos institucionalizados. E é precisamente nesse sentido que se afasta das esferas do político e de suas intrincadas e elaboradas tramas ideológicas. Ele é auto-suficiente, movido apenas por aquilo que a honra determina. O ato de violência, a força como capacidade e significativa de "gênio" (italiano), categoria tão cara aos séculos XVIII e XIX, inserem o indivíduo stendhaliano na esfera do sublime. O sublime, segundo Edmond Burke, é a "mais forte emoção que a alma é capaz de sentir" (apud Crouzet, 1983b, p.138). Se os italianos das *Crônicas* são com freqüência descritos como indivíduos corajosos, se Béatrix apresenta "a força surpreendente com a qual esta alma realmente romana soube combater seus infortúnios" (Stendhal, 1964a, p.190); se Jules é dotado daquela "bravura completa que deu a conhecer em toda a Itália o nome de Branciforte" (ibidem, p.73), é porque carregam em si, como heróis de um panteão sacrílego, o próprio sublime, transformado em característica do homem criador à imagem da natureza. De modo que o herói de Stendhal deixa de ser o simples participante do cotidiano de um mundo imanente para, por meio de sua própria superação, transformar-se em subversor elemento demiúrgico.

3 CLAUSURA E LIBERDADE

"Querer é ter vontade de se expor a um inconveniente;
expor-se assim é desafiar o acaso."

(Stendhal, *De l'Amour*)

Recorrendo a um jogo baseado em regras ditadas pelo conceito fundamental da ética beylista, a Energia, a retórica em ação nas *Crônicas italianas* trabalhará o espaço segundo o dualismo clausura-liberdade. Todo *locus* poderá então transportar-se do puramente ornamental ao emblemático e construir, por conseguinte, um verdadeiro dispositivo topográfico, um *topos* energético por assim dizer. Ao situar e fazer vibrar, instituindo relações, trocas, contatos e, acima de tudo, curto-circuitos entre específicos universos (cf. Berthier in *Stendhal Club*, 1986, p.135), Stendhal transforma as novelas em cenário ideal para a eclosão e desvirtuamento de uma energia. De fato, a narrativa não se faria possível sem o choque dos heróis contra o peso das instituições e seus poderes coercitivos. A apologia do terror, do choque violento que mantém a alma desperta, que fortalece o coração do homem, não significa senão o desejo de Stendhal em explicitar um mundo que estimula, desenvolve, provoca e devasta individualidades dotadas de vontade e dominadas pelo sentir. Assim, as forças contrárias à energia ou ao total desabrochar de um indivíduo, agindo opressiva e tiranicamente, parecem paradoxalmente impulsionar o ser à ação, comprovando ainda uma vez que o paradigmático século XVI italiano é rico em herdeiros do romano clássico, cujas potencialidades infinitas são anunciadas por atos ardentes e apaixonados,[1] cuja virtude confunde-se com a força.

A dinâmica das *Crônicas italianas* provém, pois, do fato de relatar a história de uma energia individual. O ser stendhaliano que compreendeu ter em mãos seu próprio destino, esforçando-se para realizar plenamente seus desejos, atua no interior de um sistema cujos poderes se manifestam particularmente opressivos. Com isso, liberdade e opressão parecem erguer-se como símbolos expressivos do universo do natural – domínio do ser – e universo do institucional – domínio da ordem. O contraste entre ambos determinará de modo decisivo a narrativa e condicionará as escolhas das personagens. Detendo-nos de modo analítico no *corpus* das *Crônicas*, percebemos que "A abadessa de Castro" é a expressão clara de tal confronto, significativamente ilustrado pela floresta de Faggiola e pelo Convento da Visitação, elementos-chave dos espaços da liberdade e da opressão, do natural e do institucional.

Não é, pois, paradoxal que Jules Branciforte tenha sua morada construída às margens da floresta, desta "floresta de Faggiola cujas árvores gigantescas cobrem um antigo vulcão" (Stendhal, 1964a, p.26) – e a presença desse último é por si só indexical. Faggiola, abrigo seguro do *"brigandage"*, e a "humilde casa" de Branciforte permanecem em profunda relação com essa "fornalha" que, por certo, um dia despertará. Nada e ninguém em "A abadessa de Castro" deixa de queimar e viver sob o ritmo dessa violência e ardor potenciais. O vulcão aparece sem dúvida como "o sinal simbólico que convida os seres a se abrirem ao transbordamento de sua energia plutoniana" (Berthier in *Stendhal Club*, 1986, p.144). Os domínios da natureza e do homem parecem compor um único adágio, cuja melodia nada mais é que força supramundana a confundir o natural e o homem em uma só substancialidade, interagindo potencialidades e virtualidades, para enfim compor um universo e uma única

---

1 Nesse sentido, talvez um Nietzsche pudesse se aprestentar como leitor de Stendhal, já que em ambos se esboçaria uma antropologia cuja concepção do homem tal qual ele poderia ser compensa a desolação dos autores ante a espécie humana tal qual ela é.

individualidade enérgica, dotados de virtude virgiliana.[2] O vulcão é sombra, vestígio de tempos antigos, anterior mesmo "à fundação de Roma" (Stendhal, 1964a, p.27). Ele parece, todavia, reativar-se nas árvores gigantescas, nos "espinhos e arbustos que [deixavam] a floresta totalmente impenetrável" (ibidem, p.62) à desigualdade e à opressão.

Porque a floresta de Faggiola é por excelência lugar de reação e resistência ao poder, universo essencialmente anômico e, nesse sentido, fonte primeira de virtude, de concentração e de desprendimento de energia. Universo eminentemente stendhaliano, em que dominam a ousadia, a coragem, a *actio*. Espaço ainda aberto, por ser natural e livre, primitivo e bruto, plebeu, longe do palácio por demais civilizado – tal como a residência dos Campireali –, moderno por detrás de seus opulentos muros. Eis por que Jules Branciforte elege a floresta como seu refúgio, mundo que protege os excluídos do social, indivíduos que optaram (ou se viram forçados a optar) por um modo de vida particular, cuja ética não é outra senão a da ruptura, do menosprezo à regra. A floresta de Faggiola parece também se delinear como ameaça mortal àqueles que dela experimentam se apossar ou, apenas, temporariamente invadir:[3] Faggiola será o palco da morte de Fabio de Campireali, morto pela espada de Jules Branciforte; suas árvores ficarão "carregadas de homens que eram pendurados em seus galhos" (p.66). A natureza como punição.

A função simbólica da floresta não estaria completa se a ela não se acrescentasse uma certa exuberância. O próprio nome Faggiola, ou faia, árvore frondosa que se assemelha ao carvalho, indica uma riqueza singular. Stendhal apresenta-a ainda com "árvores gigantescas", cuja "folhagem negra e profunda" oferece ao olhar "lúgubres

---

2   "*Trahit sua quemque voluptas*". Citado em James Shields, "Si fata sinant ou la vertu de la virtualité" in *Stendhal Club*, n.110, 1986, p.121. Ainda sobre essa afinidade entre natureza e homem, Stendhal já afirmara em *Rome, Naples et Florence* (1964b. p.190) que "o caráter italiano, como os fogos de um vulcão, pôde somente fruir pela música e pela volúpia".

3   Em determinado momento da narrativa, partidários dos Orsini, entre os quais a família Campireali, invadem a floresta, espaço e quartel-general dos soldados dos Colonna, a quem Jules e seu pai tradicionalmente serviam.

e magníficas sombras". A floresta de Faggiola é igualmente "semeada de pequenas rochas de quinze ou vinte pés de altura; são correntes de lavas mais ou menos antigas, sobre as quais os castanheiros desenvolvem-se admiravelmente e interceptam quase inteiramente a luz" (p.62[55]).

E, enfim, completando essa imagem vigorosa com a idéia de natureza enobrecida pelos vestígios do passado, "no centro da floresta de Faggiola encontram-se longos fragmentos de pedras cortadas de modo bastante regular" (p.28), pedras que compunham a estrada percorrida pelos "primeiros reis de Roma". Essa perspectiva que acredita vislumbrar-na Itália o espaço da natureza exuberante, excessiva, de clima perfeito e que diretamente age sobre o caráter dos homens, deixando-os mais criativos, ardorosos e impetuosos,[4] tornara-se bastante comum ao século XIX, perdurando até mesmo em seus últimos anos, especialmente na figura de um Taine.[5] O próprio Stendhal de *Promenades dans Rome* (s. d., p.107) fora explícito ao afirmar que "um belo clima é o tesouro do desafortunado que tem alma".[6] A península é o universo por excelência da

---

4 Ver a este respeito o capítulo "Mundo natural como simulacro de uma individualidade".

5 "O meio ambiente esboça, desenvolve, amadurece, aniquila e dissolve em sua evolução a arte, que é seu produto, pelos acidentes que surgem da infinita variedade humana e dos imprevistos frutos da originalidade pessoal. O meio ambiente gera e destrói a arte, de forma tão natural como o maior ou menor grau de frio determina a maior ou a menor intensidade do plantio, como a maior ou menor potência da luz nutre ou prejudica as partes verdes das plantas ... Podemos certamente deduzir que, a fim de novamente aparecer na cena do mundo uma arte semelhante [a italiana], será preciso que a seqüência dos séculos dê inicialmente lugar à formação de um meio ambiente semelhante" (Taine, 1946, p.147-8).

6 Acrescente-se a esta leitura aquela que pretende explicar os temperamentos a partir de diferentes climas. O próprio Stendhal faz-se explícito em *Histoire de la peinture en Italie* ao afirmar que "no fim das contas, os climas fazem nascer os temperamentos ... Mudanças bruscas no estado do ar, um calor forte, uma grande diversidade nos caracteres circundantes formam o temperamento bilioso". Ora, tal tipo de temperamento não seria outro senão aquele que caracterizaria paradigmaticamente o italiano. O habitante da península parece realmente se assemelhar àquele homem "cuja energia é extrema. Suponhamos que há nesse homem um certo estado de rigidez e de tensão em todo o sistema, seja nos pontos em que se desenvolvem as extremidades nervosas seja nas

voluptas, daquela "volúpia que é inerente ao clima da Itália" (Stendhal, 1966, p.104). O que interessa ao romancista é apresentar o espaço do natural italiano como fonte de manifestações apaixonadas, em que a virtude é elemento atávico. A sensibilidade individual pode somente aflorar em condições naturais propícias, diante de uma natureza que evoque magnificência e magnanimidade. E a floresta de Faggiola corresponde perfeitamente ao receituário ideológico beylista: assumindo as funções de quartel-general do ímpeto energético representado pelos *"brigands"*, transformada em refúgio ideal do herói romano renascido na figura de Jules Branciforte, a imagem vegetal concorre para insistir no poder de um surgimento, na força de uma "proliferação, a obstinação luxuriante de um querer-ser, de uma metáfora assumida pela árvore, seja em sua verticalidade seja em seu desabrochar" (Berthier in *Stendhal Club*, 1986, p.141).

Distribuindo ao lado da floresta de Faggiola outros elementos emblemáticos, Stendhal reafirma seu dispositivo espacial responsável pela eclosão e concentração de uma energia individual. De acordo com essa perspectiva, incluem-se nesse quadro topográfico-simbólico o Monte Cavi e o Lago de Albano. O primeiro, "magnífico monte que surge no meio de uma vasta planície que se estendia outrora entre os Apeninos e o mar" (Stendhal, 1964a, p.27), ergue-se acima de todo o "campo de Roma" (ibidem, p.28), projeta sua sombra sobre o mar e se perde no horizonte, "que finda, ao levante, pelo Apenino, acima de Palestrina, e, ao norte, por São Pedro e os outros grandes edifícios de Roma" (ibidem). No entanto,

---

fibras musculares. Eis a imagem do bilioso perfeito". Imagem quase que fiel de um Jules Branciforte, de um Gennarino e, mais tarde, já em *A cartuxa de Parma*, de um Fabrice del Dongo e de um Mosca della Rovere. Tal perspectiva parece ser ainda mais pertinente se se prosseguir na leitura de Stendhal acerca deste temperamento específico: "A chama que devora o bilioso produz idéias e afeições mais absolutas, mais exclusivas, mais inconstantes. Ela confere-lhe um sentimento quase cotidiano de inquietação. É somente nesses grandes movimentos, quando o perigo ou a dificuldade solicitam todas as suas forças, quando a todo momento ele tem plena e inteira consciência disso, que o homem usufrui da existência. O bilioso é impelido às grandes coisas em razão de sua organização física" (Stendhal, 1868, p.236, 214 e 215). E não seria o italiano lançado à ação e à paixão justamente por pertencer aos "biliosos"?

e nesse aspecto reside toda sua significação, o Monte Cavi, "que se eleva rodeado pelas negras sombras da Faggiola, é dela o ponto culminante" (p.27). Sua presença anuncia-se, pois, como coroamento de toda energia. A "montanha vulcânica" transforma-se em templo quase místico[7] daqueles indivíduos ardorosos e voluntariosos; parece ser a mais definitiva e a mais pura proteção que se poderia buscar, massa vegetal que se eleva acima dos homens comuns e que envolve em suas sombras e vegetação aqueles que, epígonos, afastaram-se do social para melhor se expressar e, por meio da expressividade, escalar e dominar montanhas.[8]

O Lago de Albano, "outrora uma cratera extinta e profundamente encravada no rochedo de lava" (p.28), aparece como complemento indispensável do tema do fogo. Sua descrição já o apresenta irremediavelmente preso ao vulcão, seja por meio da referência à cratera seja ao rochedo de lava. A água não contradiz o fogo, ao contrário, confirma-o, ambos são absolutos; como o vulcão, o lago é inabitável e provavelmente se apresenta como rica nascente de potencialidades. O lago, e suas "límpidas águas", o "bonito Lago de Albano", permanece fonte de energia, porque herdeiro do fogo, da chama. Quem dele beber, ou nele se mirar, conhecerá quiçá o bálsamo experimentado pelas heróicas figuras da Antigüidade latina.

Todo esse espaço da liberdade, inexoravelmente ligado ao mundo natural sem limites e imposições opressoras; todo esse universo, que é, como se viu, essencialmente fogo, água, vegetação, impõe-se uma vez mais por se enraizar na Antigüidade (cf. Berthier in *Stendhal Club*, 1986, p.84). O herói de "A abadessa de Castro"

---

[7] Essa visão nos remete à imagem da cúpula de Santa Maria dei Fiori, cuja massa se ergue não apenas sobre a cidade de Florença, mas sobre toda a Toscana, em um expressivo abarcar dos povos toscanos, resultado de uma estrutura que, fugindo à verticalidade medieval, instaura o domínio da horizontalidade e a expressão de força da nova cidade-Estado: "Quem haverá tão insensível e invejoso que não louve o arquiteto Pippo [Filippo Brunelleschi] vendo aqui uma construção tão grande a se elevar aos céus, ampla a ponto de cobrir com sua sombra todos os povos da Toscana?" (Alberti, 1989, p.68).

[8] Por meio dessa ruptura com uma humanidade por assim dizer pervertida o indivíduo espera salvar sua alma, buscando estabelecer um universo fundado sobre a virtude, justiça e, por que não, simpatia.

não se posiciona de forma meditativa, ou por assim dizer chateaubrianesca, diante da ruína dos antigos e da banalidade do cotidiano que a ele se apresentam. Antes, a poesia da ruína, poesia daquilo que parcialmente sobreviveu, vestígios de um passado que perpetua a lembrança, se lhe apresenta como reservatório inesgotável de mitos, cujos significantes se organizam, segundo a ética e a estética stendhalianas, em consonância com a noção de potência, energia e magnanimidade.[9] No cimo do Monte Cavi, "o viajante chega ... aos enormes blocos que as ruínas do templo de Júpiter Ferrétio[10] apresentam, onde os povos latinos vinham sacrificar em comum e estreitar os laços de uma espécie de federação religiosa" (Stendhal, 1964a, p.27[35]).

No interior da floresta de Faggiola, diz Stendhal (1964a, p.28), "ainda em nossos dias pode-se percorrer a *estrada triunfal* percorrida outrora pelos primeiros reis de Roma". A morada de Branciforte, por fim, e como assinalado anteriormente, pode ser "observada sob as ruínas do aqueduto de Alba" (ibidem, p.37). Ora, todos esses fragmentos arqueológicos atuam no imaginário alegórico de Stendhal como símbolos de grandeza, que se unem aos primeiros tempos da epopéia romana. Essas relíquias nutrem o solo, comovem a alma, animam o espírito: mitos consoladores. Está-se, de fato, diante de um universo ainda imbuído das magnificentes aventuras da vontade, que conferem toda uma vocação heróica aos *topoi* peninsulares relativos aos modos de atuação da liberdade: "cada parte do bosque, cada trecho de muro em ruínas, percebido na planície ou nos declives da montanha, lembra uma dessas batalhas tão admiráveis pelo patriotismo e bravura contadas por Tito Lívio" (p.28[35]).

---

9 Esses elementos dizem respeito à questão do heróico aristotélico-humanista que significou "a elevação do homem a um grau de majestade e de imponência, a uma superioridade e perfeição que transcendem a medida comum dos mortais" (Weise, 1961, p.121).

10 Cumpre assinalar que Júpiter, pai e soberano dos deuses, era, para os romanos, deus do Céu, da luz diurna, do tempo, do raio e trovão. Reinava no Capitólio que, como se sabe, e assim como o templo construído em Cavi, erguia-se no alto de uma das setes colinas de Roma, Capitolino, local de coroação dos triunfadores.

A dimensão do espaço natural não estaria inteiramente definida se a ela não se acrescentasse um motivo bastante presente em grande parte das *Crônicas:* o jardim como *locus amoenus*,[11] espaço edênico e encantado que proporciona ao casal de amantes um instante eterno, longe das tempestades que se formam, temíveis, junto ao mundo cotidiano. Universo que a um só tempo se oferece à transgressão, à sedução e ao perigo, o jardim stendhaliano abre suas portas às incursões amorosas de indivíduos libertários e enérgicos e aos devaneios daquelas

> pobres moças [que] não vêm aqui por vocação ... mas porque são expulsas do palácio de seus pais para que tudo seja dado ao seu irmão mais velho; portanto, é natural que procurem se divertir ... É um prazer ver a alegria com que elas correm pelo jardim; até parece que são pensionistas, e não religiosas obrigadas a votos sérios. (Stendhal, 1964a, p.381[274-5])

Embora pertencentes aos limites geográficos do convento e separados do exterior por muros freqüentemente altos e negros, os jardins das novelas atuam como espaço de profanação e transgressão da regra – beneditina em geral – que impõe o claustro a jovens italianas deserdadas por seus pais. Munidas de "falsas chaves da porta do jardim" (p.329), auxiliadas, ora por um jardineiro piedoso que "deixava aberta a porta de serviço do jardim" (p.386), ora por vigias que "semi-embriagados adormeciam ao final de alguns minutos" (p.328), essas jovens ali encontram a imagem, por fugaz que seja, de uma felicidade sem ameaça de ruptura. É nesse sentido que se deve ler o jardim, e como estrutura de recusa e rompimento do institucional, como universo do idílio amoroso. É no jardim de San Petito que Rosalinde de Bissignano, conduzida ao convento por um pai que pretendia assim afastá-la de Gennarino, pode dar trégua a essa separação imposta e indesejável: após inumeráveis solicitações de seu jovem amigo, "Rosalinde se compadeceu dele:

---

11 Essa leitura remeteria ao jardim da lírica medieval, lugar ideal de encontro dos amantes, espaço da sedução e do segredos: "esses pomares, paraísos de artifícios, espaços sápidos ricos em convites aos sentidos, designam a pura felicidade de uma pausa sensorial, em que todos os objetos se conjugam para solicitar as virtualidades perceptivas do homem" (Ariès et al. 1986, v.II, p.834).

foi admitido no jardim. Essas entrevistas tiveram tal encanto para os amantes que se renovaram mais do que recomendava a prudência" (p.386[278]).

É nos jardins de Sainte-Riparata, nos "imensos jardins do convento [que] tinham obrigado o bispo a tolerar a existência de duas portas que davam sobre um espaço vazio atrás da muralha, ao norte da cidade" (p.317[233]), que Félize degli Almieri e sua amiga Rosalinde recebem seus amantes. E será ainda "através da grade de um janela ... que dava para o jardim" (p.78) que Hélène de Campireali e Jules Branciforte, irremediavelmente afastados pelo social, poderão se ver uma última vez.

Situado na outra extremidade do discurso, igualmente atuando – pela expressão mesma de sua oposição – como incentivo à energia individual e combativa, o universo do enclausuramento, e por isso mesmo da opressão, parece se apresentar inexpugnável e incontestável. A ele corresponde, de modo essencial e paradigmático, o motivo do convento, fortalezas de um mundo sombrio e lúgubre, cuja obscura ameaça paira sobre todas as personagens. Ao se confrontar com um "Convento da Visitação, amplo edifício cercado de negras muralhas e bastante semelhante a uma fortaleza" (p.74), ou ao avistar o Convento de Sainte-Riparata e seus "negros muros, de no mínimo cinqüenta pés de altura que entristecem todo um quarteirão" (p.306), o italiano das *Crônicas* compreende que sua liberdade, ou a idéia da liberdade, deve começar pela consciência do horror dessas estruturas conventuais, sepulcrais mesmo. Nesse sentido, essa estrutura fantasmática não pode ser unicamente lida como ornamento paisagístico. Sua função é, ao contrário, bastante específica, sobretudo em virtude da oposição entre o motivo de liberdade e o de clausura, entre o universo do natural e o do institucional. Assemelhar o convento a uma fortaleza, ou a uma cidadela, acaba por esboçar uma topografia que aqui remete aos signos do interdito e do misterioso, do intocável e do impensável. O convento, por definição, separa. Separação ainda mais lancinante se lembrarmos que as jovens lá encerradas não se exilaram do mundo por vocação religiosa. A fim de preservar a própria energia, e vida, elas devem, então, auxiliadas por seus "destemidos" e "distintos" amantes, afrontar a clausura e, portanto, o normativo.

No entanto, estrutura paradoxal, quanto mais o convento se retrai e se fecha em portas "de enormes braços de ferro ou postigos" (p.94), mais ele convida à transgressão da regra. Os muros negros, "cuja única abertura é uma porta reforçada de largas faixas de ferro fundido por enormes pregos e uma única janela de quatro pés de altura por dezoito de largura (p.85), parecem erguer-se tão obstinadamente sombrios e inacessíveis apenas para provocar a resistência, para ser "demolidos". Todo esse dispositivo funciona e a tentativa de assalto perpetrada por um Jules Branciforte que busca recuperar Hélène para si o prova suficientemente. O herói é chamado à ação, aceita o desafio lançado por uma massa arquitetônica que declara o estado de guerra, "dedica-se a examinar os meios de penetrar pela força" (p.85) nessa cidade fortificada, esboça "sobre a areia o plano do convento que iria atacar" (p.94). A iniciativa amorosa investe-se de aspectos militares, a vontade enérgica vê-se impulsionada a agir, a combater. E nessa batalha, as duas forças antagônicas desenham-se de forma determinante: a cidadela de acordo com os princípios de uma defesa feudal dispõe de uma

> porta exterior ... situada ao meio de um muro negro de mais de oitenta pés de altura, [que] conduzia à porta interior, guardada pela irmã de vigilância ... À esquerda ... se erguia a caserna, à direita o muro do jardim, da altura de trinta pés. A fachada do convento era um muro grosseiro e escurecido pelo tempo, e as únicas aberturas existentes eram a porta exterior e uma pequena janela por onde os soldados viam o lado de fora. (p.85[70])

Será essa organização do espaço interior, resultado de um sistema complicado de subterrâneos e desvios sucessivos, de passagens e obstáculos destinados a compartimentar ao máximo esse universo que visa unicamente retardar o avanço de um eventual invasor, que seu inimigo deverá enfrentar. Quais as armas desse invasor? "Seus homens", sua inteligência e astúcia, espadas e adagas. Não é tanto o resultado dessa "empresa amorosa e militar" (p.73) que interessa à intriga e à ética beylista, mas, antes, a confrontação do mundo dos homens ao torreão de Deus, ao "castelo forte" das almas, da firmeza e da força de ânimo perante os fatos e ditames da Fortuna. O homem italiano de Stendhal (1964b, p.63), de "caráter natural e apaixonado" (p.252), "pródigo nas grandes coisas", parece ser tributário de um preciso ideário renascentista que substituía aos dogmas da *contemplatio* o risco absoluto de uma *actio*; freqüentador quiçá dos eloqüentes panegíricos do *homo faber*, que uma ortodoxia concordara em tomar como a contrapartida dos *fori* externos da consciência de natureza medieval. O *homo faber* constitui-se, pois, em liberdade. E somente merecem a liberdade aqueles que são capazes de conquistá-la, aqueles que, por meio do próprio espectro do terror, representado pela imagem do convento, revoltam-se contra seus efeitos macabros e opressivos.

Percorrendo os caminhos traçados, ora pela figura prisioneira do universo eclesiástico ora pelo "*brigand*" errante das florestas, esboça-se entre eles uma possibilidade de comunicação: a carta (a se notar que "A abadessa de Castro" inicia e encerra-se por uma carta), que ao longo de grande parte das *Crônicas italianas* terá a precisa função de manifestar a energia individual, expressa sobretudo por meio do sentimento amoroso, agindo assim contra o poder estabelecido. Elas atuam essencialmente como instrumentos de dissidência (cf. Didier in *Stendhal/Balzac...*, 1978), rompem o interdito, transformam-se em um artifício a serviço de dois seres irremediavelmente separados pelo social. Mediante "bilhetes presos ao caule de uma flor" (Stendhal, 1964a, p.37), "escondidos sob as folhas" (ibidem, p.383) de uma rosa, ou "rabiscados sobre pedaços de velhos papéis sujos com terra molhada de água tais como aqueles encontrados sobre os degraus de uma igreja" (p.45), a carta é testemunha de um sentimento colhido nos improvisos; é indício de energia passional que não se furta aos obstáculos. Signo da vontade que se expressa pela escrita, representação simbólica, retórica do sentimento[12] que o poder não pode deter.

No tocante à estruturação romanesca, se a bipolarização do espaço atua essencialmente no desenrolar da narrativa, influindo na escolha e ação das personagens, a carta preside aos momentos fundamentais dessa mesma ação. É ela que, em "A abadessa de

---

12 E aqui devemos reter a afirmação de Béatrice Didier que alia ética e estética, em uma tentativa de demonstrar que com o "ato da escrita" Stendhal pretendia situar-se ao lado da energia e não como servidor do poder.

Castro", inicia e anuncia o sentimento de Jules Branciforte, por si só instaurando o universo da impossibilidade de tal amor:

> Sou pobre, é verdade, e vós imaginaríeis com dificuldade a extensão de minha pobreza. Tenho apenas a casa em que habito, que possivelmente deveis ter notado sob as ruínas do aqueduto de Alba ... Não sei, realmente, por que vos amo. É certo que não posso proporvos partilhar minha miséria. No entanto, se não me amais nem um pouco, a vida nada mais vale para mim; é inútil dizer-vos que mil vezes a daria por vós. (Stendhal, 1964a, p.38[40-1])

É ela quem prenuncia o malogro do assalto ao Convento da Visitação: "Rapta-me, se o quiseres, mas faz-me a justiça de compreender que, se minha mãe não estivesse presente aqui no convento, nem os mais horríveis perigos, nem a própria vergonha, nada no mundo me impediria de obedecer às tuas ordens" (p.90[73]), escrevera Hélène, referindo-se à sua anterior negativa de seguir seu jovem amante, recusa esta que determinara Jules a atacar a estrutura conventual. E será ainda por meio de uma carta, "uma longa carta" em que a protagonista explica sua iminente morte, que Stendhal concluirá a história de duas personagens que "pereceram por não poder partilhar um fogo demasiado ardente para o mundo" (Berthier, in *Stendhal Club*, 1986, p.145). E por não possuírem, em definitivo, a chave que lhes abriria esse universo fechado da separação.

4 ESPAÇO DA FEMINILIDADE: VIRTUDE E VILEZA

"O homem que treme não se entedia."

(Stendhal, *Histoire de la peinture en Italie*)

A constante presença, ao longo das *Crônicas italianas*, de fronteiras bastante definidas a balizar a narrativa segundo a oposição entre universo da clausura e universo da liberdade, longe de assumir um valor unicamente descritivo, denota o trabalho com espaços de precisas funções simbólicas que esclareçam os sempre recorrentes conceitos de energia e natural e façam "conhecer os homens simples e apaixonados" (Stendhal, 1964a, p.305) do século XVI italiano. Como se buscou assinalar no capítulo precedente, destaca-se, no interior desse quadro que privilegia o alegórico, a imagem dos conventos – da Visitação, de San Petito, de Sainte-Riparata –, massas arquitetônicas obstinadamente configuradas como inexpugnáveis fortalezas, cujos muros um Gennarino de las Flores, "desesperado", tentará transpor, objetivando "salvar a irmã Scolastique dos perigos em que fora lançada" (ibidem, p.401). Espaço por excelência da feminilidade e igualmente aquele que age de modo inexorável na degradação de toda energia individual,[1] o convento, com tudo o que representa como imagem paradoxal de ascese e de mundanis-

---

1 A figura de Hélène de Campireali conhecerá tal degradação, responsável por seu desvirtuamento após ser enclausurada no Convento da Visitação de Castro.

mo, presta-se de forma modelar à impostação ética de Stendhal acerca da italianidade.

Estrutura sombria e aterradora, construída a fim de se erguer como uma massa animada, viva, de aparência quase humana e, nesse sentido, dotada de vontade e personalidade próprias, nem por isso o convento, expressão mesma do proibitivo e da separação, deixa de conhecer em seu interior lutas intestinas que pretendem corroer todo seu esqueleto fantasmático. Nesse universo eclesiástico em que o conflito entre energia individual e poder coletivo apresenta-se "sem perdão", nem todas as regras são cumpridas e obedecidas, mas são, antes, recusadas, rejeitadas sobretudo. Não se trata unicamente de leis ditadas por uma determinada ordem religiosa – a abadia de Sainte-Riparata, como vimos, "pertencia à ordem de São Bento, cujas regras não permitiam às religiosas sair da clausura" (p.308) –, mas essencialmente daquelas que dizem respeito ao registro do feminino. Embora se trate aqui de um espaço onde a presença da mulher é única, geograficamente afastada do masculino e sobretudo das individualidades livres e desejosas de grandes janelas abertas sobre o mundo que percorrem a exterioridade, delineia-se uma determinante diferença de grau e postura entre as mulheres sinceramente dedicadas ao mundo em princípio ascético da religião e as noviças forçadas ao voto em razão dos modos institucionais da sociedade italiana do quinhentos. É Félize degli Almieri quem explicita tal situação conflituosa:

> Podem existir conventos cheios de moças realmente piedosas, que amam o retiro e pensaram em cumprir realmente os votos de pobreza, de obediência etc., que fizeram-nas prestar aos dezessete anos; quanto a nós, nossas famílias nos colocaram aqui para deixar todas as riquezas aos nossos irmãos mais velhos. A única vocação que temos é a impossibilidade de fugir e viver fora do convento. (Stendhal, 1964a, p.320[234])[2]

Com isso, ainda que se afaste da esfera da exterioridade e, por conseguinte, da liberdade, resguardando-se do mundo dito profano

---

2 Somente à morte desses irmãos elas poderiam usufruir dos direitos e benefícios da fortuna paterna.

e corruptível, o universo do enclausuramento, que aqui corresponde estritamente à ordem religiosa, não conhece, como se pretendia, uma homogeneidade espiritual em seu próprio interior. Ao admitir em seus corredores labirínticos, em suas celas, torres e belvederes, jovens cujos votos são "tão evidentemente nulos aos olhos da razão (p.306), a estrutura conventual instaurava, e de modo irreparável, focos de revolta, intriga e inveja. De fato, em vez de mundo da oração, da *contemplatio*, o claustro das *Crônicas* é transmudado por essas jovens que "não se deixavam exilar do mundo" (p.308), sempre prontas a cometer, passionais que são, atos insensatos e enérgicos em favor de sua liberdade pessoal. O convento assume, assim, a forma de um gineceu secular, transformando-se eminentemente em espaço de mundanismo. Se àquelas mulheres não era permitida a participação nas florescentes cortes da Itália renascentista – as jovens encerradas em Sainte-Riparata, por exemplo, pertenciam "às mais ricas famílias de Florença, cidade tão rica, brilhante, que era então a capital do comércio da Europa"! (p.308) –, era-lhes, todavia, possível se impor ao *fatum*, construindo no interior mesmo da clausura pequenas cortes semelhantes às que proliferavam no âmbito da exterioridade. A lei do gineceu impõe-se, portanto, ao voto de pobreza, o espiritual cede lugar ao profano: cada religiosa – e cumpre sempre se ater ao sentido bastante genérico desse termo ao longo de novelas como "Muito prestígio mata" e "Suora Scolastica" – "possuía sua camareira nobre, jovens recolhidas junto à nobreza desfavorecida" (p.309) e poderia contar com os serviços de até "cinco aias" (p.310). Encerradas entre muralhas tiranizantes, separadas do exterior pelo fato de "terem nascido no seio de famílias opulentas e possuírem irmãos" (p.321), não restava às italianas senão a procura pelo edificar de seu próprio universo, em que lhes fosse possível "desfrutar de toda liberdade e de uma vida feliz" (p.320). Atuando como uma reunião de mulheres em um espaço bem definido, enclausurante, onde vigoram leis específicas de funcionamento, o gineceu secular aparece com um módulo doméstico expressivo, no interior do qual a responsabilidade sobre as engrenagens do poder não mais recai sobre as religiosas, mas se concentra, antes, nas mãos dessas jovens "obrigadas ao voto em razão da avareza de seus pais" (p.381). Erige-se assim uma sociedade ritual de mulheres, de estatuto específico do feminino, não mais subordinada à esfera do religioso e a uma hierarquia que apresenta Deus e seus representantes temporais como dignatários de uma vontade supramundana.

Os mecanismos do convento stendhaliano parecem, pois, funcionar em razão do caráter subversor dessas jovens figuras femininas. De fato, a altivez de Félize, expressa por seu anseio de "possuir oito aias", contrariando assim a normalidade corrente; as "longas entrevistas" que Rosalinde concede a Gennarino nos jardins de San Petito; ou a decisão de Hélène de permanecer no Convento de Castro em vez de se transferir para o palácio de sua família, que se transformaria em uma prisão de "severidade sem limites e [onde] se lograria interditar-lhe todas as comunicações possíveis com a exterioridade" (p.112), denotam, acima de tudo, o império exercido pelas italianas junto à estrutura religiosa, cujas disposições espirituais serão justamente alteradas em razão dessa influência. Talvez fosse inútil insistir sobre a existência de uma certa recusa da religiosidade em grande parte da produção romanesca de Stendhal. Muito se fala em repúdio puro e simples, em crítica feroz à instituição da Igreja.[3] Contudo, o percurso stendhaliano pelos conventos das *Crônicas* expressa menos a intenção de denunciar os corruptos costumes de religiosos e mais a preocupação em apresentar os efeitos degradantes e desvirtualizantes de todo um mundo que pretende recusar ao indivíduo a plena satisfação de sua personalidade. É

---

3 Ver a esse respeito a tradicional leitura que a crítica dos manuais literários realiza a propósito de *O vermelho e o negro*. Segundo essa leitura, a religião aqui representada pelo seminário de Besançon é escola por excelência da hipocrisia, da maldade, do arrivismo e da divisão. Nesse sentido, o "negro" do título corresponderia ao universo da dissimulação que, segundo Stendhal, é hipocrisia. O "vermelho", por sua vez, é universo da violência legítima, em que as paixões podem fruir livremente. No universo do "negro", ao contrário, as paixões se escondem. Mas o contraste entre "negro" e "vermelho" pode igualmente corresponder, como quer Jean-Paul Weber (1969) em seu *Stendhal: les structures thématiques de l'oeuvre et du destin*, a uma oposição política e social. De acordo com essa leitura, o "negro" representa o arrivismo pós-napoleônico daqueles monarquistas que pretendem desonrar o sonho republicano. O "vermelho", em contrapartida, não é senão a nuança que convém aos liberais, aos republicanos.

por isso que a desestruturação do universo eclesiástico deve ser essencialmente lida como mais um signo emblemático atuante no conceituário ético de um autor que não pretende senão representar individualidades completas e inexauríveis.

Embora as "histórias" stendhalianas busquem representar figuras típicas de uma precisa temporalidade externa, o tempo interior de suas personagens femininas remete ora à narrativa medieval, ora à existência barroca que antecedeu à Grande Luz racionalista do século XVIII. No primeiro caso, a se pensar sobretudo em todo o imaginário do "privado", do domínio privilegiado da intimidade, do coração e do corpo que, da Baixa Idade Média ao século XV, predominara na ficção estabelecendo espaços e funções bem distintos entre mundo das mulheres e mundo dos homens.[4] Conquanto figurem nessa literatura as narrativas edificantes, biografias que, a modo de *exempla*, pretendem difundir a moral por meio de uma realização da feminilidade pelo casamento em que *virtus* e *gignere* impõem o ritmo da vida (cf. Duby, 1989), uma nova poética faz-se presente, apresentando o feminino para além dos habituais postulados que proclamavam a mulher, porque fraca e perversa, como ornamento e elemento de subjugação. A mulher pode então se mover, livre e sábia, por entre recintos – essencialmente o quarto,[5] como célula de isolamento e proteção, e o jardim – que se erguem independentes de um exterior coercitivo e ameaçador.[6] Espaços, enfim, onde gestos, palavras e a ações denotam a presença de um

---

4 A respeito dessa questão do imaginário e do espaço na ficção medieval, o texto de Danielle Régnier-Bohler "Fictions, explorations d'une littérature", publicado no volume intitulado *Histoire de la vie privée* e organizado por Philippe Ariès, é de fundamental importância para a compreensão do amor e do feminino na Idade Média.

5 Será, por exemplo, na privacidade de seu quarto que Hélène de Campirealíí poderá ler as cartas enviadas por Jules e ali mesmo recebê-lo, protegida pela obscuridade.

6 Cf. Danielle Régnier-Bohler, "Geste, Parole, Clôture: les représentations du gynécée dans la littérature médiévale du XIIIe au XVIIIe". In: *Annales de la Faculte de Lettres ét Sciences Humaines de Nice*, n.48, 1984. E aqui pensamos, especificamente, em um texto do século XV francês, *Evangiles des Quenoilles*, onde mulheres reunidas em um espaço proibido ao masculino conversam e discutem sobre questões cotidianas, que versam não apenas sobre sua existência doméstica, mas também existencial.

feminino ainda ativo, fixado em territórios onde atua como soberano. O gineceu medieval, a exemplo do stendhaliano, erige-se, pois, em situação de recusa potencial do normativo, das leis da exterioridade e de universos que não defendam a energia.

Se a busca da liberdade e do privado assume-se como constante junto às figuras enclausuradas das *Crônicas*, as sensações e as paixões terminarão por definir os últimos contornos do universo claustral. Convertido em gineceu secular, o convento poderá ainda se investir das cores e das vestes do *"boudoir"* setecentista. Do *"boudoir"* que oferece um instante de trégua às regras repressivas da falsa moralidade, momento de reencontro com as imagens de paraíso irremediavelmente perdido. Que é, acima de tudo, espaço onde reinam os sentidos, expressão mesma de uma busca inesgotável da plenitude e da intensidade que é preciso constantemente renovar.[7] Domínio, pois, das sensações, o *"boudoir"* completa todo um repertório de signos que no período anterior à grande arte do Iluminismo pretendia compensar uma ausência, capturar em imagens, em palavras e em gestos um bem que se evadia. Assim, se um Watteau ou um Lancret, sob guirlandas e azuis celestes de uma eterna primavera,[8] multiplicam suas pictóricas cenas voluptuosas; se Choderlos Laclos, sob a proteção da confidência epistolar, reflete sobre o prazer, isso parece corresponder à perspectiva de um século cuja existência barroca estava aberta às experiências, aos exageros e aos conflitos. Essa atitude fundamentara-se teoricamente sobre um enunciado lockiano que justificava a necessidade da experiência do sensitivo, de modo que são as sensações e as paixões que preenchem e fornecem; idéias à alma, que oferecem consciência do próprio existir – incessantemente procurado, em razão da inquietação e impaciência humanas, no interior dos acontecimentos, de todo e qualquer acontecimento. Essa perseguição dos sentidos não significava senão a necessidade de fugir do tédio,[9] do desconforto da vacuidade. Nesse

---

7   A se consultar a esse respeito o belo texto de Jean Starobinski (1964). Cf. ed. brasileira *A invenção da liberdade* (São Paulo: Editora UNESP, 1994).
8   Ver ainda uma vez o texto supra-referido de Jean Starobinski (1964).
9   Em princípios do século XVIII, o abade Du Bos assim se expressara acerca do tédio e das paixões: "A alma possui necessidades da mesma forma que o corpo, e uma das maiores necessidades do homem é ter seu espírito ocupado. O tédio

sentido, a se acreditar que a sensação, segundo uma Madame de Merteuil, paradigmática figura deste século XVIII barroco, é "esse inteiro abandono de si mesmo, esse delírio de volúpia em que o prazer se purifica no seu próprio excesso" (Laclos, 1914, p.24), o que se prenuncia é, então, o gosto e o desejo pela paixão do ilimitado. Tal como naquela outra figura literária igualmente entregue à comoção dionísica, o célebre Don Juan, está-se diante de uma espiritualidade que não faz senão pronunciar um sonoro "Eu existo!".

Não seria, pois, demasiado afirmar que as personagens stendhalianas do universo conventual – sem, contudo, deixar de lado as individualidades enérgicas que percorrem o espaço de exterior e da liberdade – estão de certo modo impregnadas de um barroquismo renitente, cujo princípio de insubmissão prenuncia a um só tempo a busca da felicidade e a conquista da verdade (cf. Starobinski, 1964, p.11). A fim de evitar o Vazio que é acima de tudo ausência de paixão e de ações, Hélène de Campireali, antes de ser aprisionada no Convento da Visitação de Castro, "perdida de amor, quis provar a seu amado que não tinha vergonha de sua pobreza e que sua confiança em sua honra era sem limites" (Stendhal, 1964a, p.57); Rosalinde, por sua vez, permitia a Gennarino introduzir-se em um dos depósitos da rouparia contíguos a seu quarto, embora soubesse "a que perigos extremos se expunha uma religiosa ou simples noviça convencida a receber um homem em um pequeno apartamento chamado célula" (ibidem, p.389); e Céliane,[10] enfim, "com toda firmeza de uma alma superior às maiores tristezas, [envenenara] com o veneno de Peruggia, que mata em seis meses" (p.338), a abadessa de Santa-Riparata, a fim de salvar a própria

---

que logo segue a inação da alma é um mal tão doloroso para o homem que ele com freqüência realiza os mais penosos trabalhos, a fim de não ser atormentar com isso. É verdade que a agitação em que nos mantém as paixões, mesmo durante a solidão, é tão viva que qualquer outro estado é um estado de languidez perto dessa agitação. É por isso que instintivamente perseguimos os objetos que podem excitar nossas paixões, embora esses objetos nos causem impressões que freqüentemente nos trazem noites inquietas e dias dolorosos: mas, em geral, os homens sofrem mais por viver sem paixões do que as paixões os fazem sofrer" (apud Starobinski, 1964, p.10-1).

10 Céliane era, em "Muito prestígio mata", apresentada como a rival de Félize, pois que igualmente posssui espiritualidade e vivacidade de alma.

honra e vida.[11] E é precisamente em razão de atitudes passionais semelhantes que as jovens italianas mergulham em um destino trágico e em toda espécie de loucuras.[12]

O Feminino, para completar sua coragem já potencial, uma virtude ainda não corrompida e energia e sensações sempre expressivas e fortes, tinha anseio de um masculino à sua imagem e semelhança, de homens igualmente excepcionais, de almas de elite que auxiliariam no combate à inveja, aos cálculos malignos e ambiciosos, à mentira e à hipocrisia de familiares e religiosas que visavam unicamente asfixiar e dominar até a morte os movimentos sinceros e apaixonados das individualidades de exceção. O desejo de imprevisto e de independência dessas jovens aprisionadas em palácios familiares ou conventos claustrais pode enfim ser preenchido por criaturas masculinas cujas maneiras são novas e surpreendentes.[13] De fato, Hélène de Campireali pensara reconhecer em Jules Branciforte, nesse "jovem singular" (Stendhal, 1964a, p.36), os traços de "uma bravura sobre-humana totalmente semelhante aos heróis dos velhos romances" (ibidem, p.117);[14] Rosalinde deparara com um Gennarino "bastante alegre, muito passional" e Félize, por sua vez, descobrira-se apaixonada pelo conde Buondelmonte, "homem realmente notável" (p.318) que transformava seu antigo amigo em "ser aborrecido". Assim, por indignação ou menosprezo das convenções, essas jovens tentarão transpor as portas de suas prisões, ajudadas pela chave estendida por seus corajosos e enérgicos amantes, em um convite à liberdade, à ação e ao amor sublime, porque natural e heróico.

---

11 Céliane, assim como sua amiga Fabienne, surpresas carregando em seus braços os corpos inertes de seus jovens amantes, assassinados em uma emboscada à porta do convento, concluíram que se a abadessa de Sainte-Riparata pronunciasse uma única palavra sobre o assunto, elas estariam para sempre desonradas: "em uma palavra, a vida da abadessa é a nossa morte" (Stendhal, 1964a, p.337).
12 A se consultar a respeito a obra de Francine Marill-Albérès intitulada *Le naturel chez Stendhal* (1952).
13 Ver ainda uma vez o texto de Francine Marill-Albérès (1952).
14 "Parece que Hélène sabia latim. Os versos que lhe eram ensinados falavam de amor, de um amor apaixonado que se nutre de grandes sacrifícios, que só pode subsistir envolto em mistério e que se acha sempre ligado aos mais temíveis infortúnios" (Stendhal, 1964a, p.33[38]).

Se o convento é, por assim dizer, uma máquina de concentração de energia (cf. Berhier in *Stendhal Club*, 1986, p.135), universo por excelência da força passional que incentiva suas pensionistas ao exacerbamento do próprio ser, não é menos verdade que igualmente atua em seu contra-sentido, isto é, impõe-se como um espaço onde essa mesma energia é considerada elemento dispensável e sobretudo indesejável. O embate entre energia individual e poder institucional expõe a um constante perigo todos aqueles heroísmos virtuais, especialmente porque agem em um clima de liberdade precisa – como se assinalou, o convento se reconstruiu, pelas mãos de noviças nada ortodoxas, em gineceu secular, em pequenas cortes, mundo pleno de graça, cujo fim é representar e desenvolver o desejo. Rigor, firmeza de ânimo e coragem são exigências fundamentais para que não se sucumba à intriga, à mentira e à hipocrisia de religiosas que, na verdade, não praticam seus votos e nem mesmo são sinceramente devotas a Deus. A clareza de Félize a este propósito é evidente:

> o gênero de vida tedioso ao qual pretendeis nos submeter não é de modo algum o que vimos ser praticado pelas religiosas que ocupavam este convento quando fizemos os nossos votos. Mesmo supondo legítimos esses votos, prometíamos quando muito viver tal como elas e agora quereis que vivamos tal como elas jamais viveram. (Stendhal, 1964a, p.320[235])

Também Rosalinde comprovara tal postura incomum. No belvedere de San Petito,

> ela encontrara um grupo de religiosas muito alegre; todas, ou quase todas, faziam sinais aos seus amigos e essas damas pareciam muito embaraçadas com a presença dessa jovem de véu branco que poderia se espantar com suas atitutdes pouco religiosas e falar sobre isso lá fora. (ibidem, p.379[273])

Espaço da feminilidade, o convento construirá armadilhas para suas noviças que se distinguam pela prática de modos intuitivos e imaginativos. Quase todas as protagonistas que percorrem o claustro recusam submeter-se às convenções sociais, à prudência de suas companheiras acomodadas entre libertinagem e maneiras monásticas, e à vaidade: "Quanto ao número de minhas camareiras, pouco me importa. Duas e não cinco me seriam suficientes ... renuncio pelo menos este ano ao direito de ter quantas criadas eu possa pagar" (Stendhal, 1964a, p.501[235]), afirmara Félize degli Almieri ao conde Buondelmonte. Uma única, no entanto, aceitará as proposições dos impuros: Hélène de Campireali. Enclausurada no Convento da Visitação e em seguida de Sainte-Marthe, cercada por uma "*signora*" de Campireali que não fazia senão tramar intrigas – chegando mesmo a afirmar que Jules estava morto – e compor cartas assinadas pelo jovem "*brigand*", onde tivera o cuidado de expressar um "amor que parecia pouco a pouco se extinguir", Hélène, a princípio virtuosa e a quem o "perigo suprimia os remorsos" (ibidem, p.55),[15] degradava-se lentamente, perdia sua força, sua vontade e a energia de sua alma, antes passional e pura. Dirigindo-se a Jules uma derradeira vez, por meio de uma carta que, ao lado de seu suicídio, teve o dom de reconduzi-la à virtude pela sua própria negação, a jovem italiana explica todo seu infortúnio:

> Não duvido de ti, meu caro Jules: se me vou, é porque morreria de dor em teus braços, pensando qual teria sido a minha felicidade se não tivesse cometido uma falta ... Imagina como meu espírito ... tão enfraquecido, ficou cercado por doze anos de mentiras. Tudo o que me cercava era falso e mentiroso, e eu o sabia. Recebi de início umas trinta cartas de ti; imagina o arrebatamento com que abri as primeiras! Mas, ao lê-las, o meu coração gelava. Examinava a letra dessas cartas, reconhecia a tua mão, mas não o teu coração. Pensa que esta primeira mentira alterou tanto a essência de minha vida, ao ponto de me fazer abrir uma carta com tua letra sem prazer! A notícia detestável de tua morte acabou de matar em mim tudo que restava ainda dos tempos felizes da minha juventude! ... Bem vês, minha alma já tinha perdido a sua energia. (p.141-2[105-6])

Gineceu secular e claustro feminino, espaço da liberdade e do aprisionamento, o convento transforma-se em um paradoxal universo em que ternura e agonia se confundem, em que paixão e vaidade

---

15 Importante assinalar o papel fundamental desempenhado pelo perigo na "obra italiana" do romancista: é o perigo que ativa a alma, dá-lhe força e segurança de ânimo, impedindo-a de cair no tédio e no vazio do Ser. No caso de "A abadessa de Castro", Jules se manterá sempre virtuoso porque sempre confrontado com o perigo e com o medo.

estão sob uma tênue linha de separação. Há uma única porta que livra da queda, a energia, e Hélène não soube preservá-la por entre corredores oníricos e traiçoeiros:

> Minha culpa foi produto unicamente do tédio, e, se quiserem, da libertinagem ... Minha alma estava tão infeliz por tudo o que me cercava desde a tua partida, que não tinha mais forças para resistir à menor tentação. Posso te confessar algo muito indecente? Mas refleti que tudo é permitido a uma morta. Quando leres essas linhas, os vermes devorarão essa pretensa beleza que só deveria ter existido para ti. (p.141-2[105-6])

À diferença de suas companheiras das *Crônicas*, Hélène ainda cometera o que se apresenta como o primeiro pecado da moral stendhaliana: a vaidade, sintoma de antinatural, de individualidade corrompida pela afetação e pelas conveniências que maculam a alma:

> Em seguida, ocorreu-me um pensamento de vaidade. Mandei construir grandes edifícios no convento, a fim de poder ter como quarto o alojamento da irmã porteira, onde te refugiaste na noite do combate. Um dia, eu contemplava esta terra que outrora, por minha causa, tinhas regado com o teu sangue; ouvi um murmúrio de desprezo e, levantando a cabeça, percebi rostos desdenhosos; para me vingar, quis ser abadessa ... Esse cargo para mim foi apenas uma fonte de aborrecimentos; e acabou por envilecer minha alma; encontrava prazer em destacar meu poder à custa da infelicidade dos outros e cometi injustiças. Aos trinta anos, eu me encontrava virtuosa aos olhos do mundo, rica, considerada e entretanto perfeitamente infeliz. (p.142[106])

Nesse sentido, por uma longa série de infâmias, tédio, vaidade, libertinagem, e por entrar na esfera das injustiças, mentiras e mesquinhez, a própria Hélène banira-se do clima de pureza em que fora introduzida por Stendhal, daquela aura inatacável que Jules construíra para ambos:

> a *Ave Maria* matinal soou no convento de Monte Cavi e, por um acaso miraculoso, este som chegou aos nossos ouvidos ... Se não houvesse alguma intervenção sobrenatural, como teria esse *Angelus* chegado até os nossos ouvidos, passando por cima das árvores da floresta, agitadas nesse momento pela brisa matinal? (p.77-8[65])[16]

---

16 Toda a atmosfera mística dessa passagem pretenderia oferecer à intriga e à sua seqüência um aspecto de pureza e virtuosidade.

Hélène, todavia, encontra enfim um modo de se recuperar do aviltamento de sua alma e espírito, ganhando novamente o registro do virtuoso, conservando-se, pois, digna de Jules: a morte, que é ato enérgico, *élan* corajoso e movimento de libertação. Pelo gesto derradeiro da "adaga no coração" – "Vive, e que te ocorra ... a memória desta Hélène que, para não ver uma censura em teus olhos, morreu em Santa Marta" (p.143[107]) –, a jovem Campireali pretende assumida, de forma total, a responsabilidade por toda sua vida, e por sua queda e degradação. Enérgica, implacável, ela torna-se grande.[17]

A um só tempo lugar de ascese e degradação, de pureza de uma paixão e desvirtuamento de uma vontade; universo da salvação e da maldição, movido por impulsos antagônicos, trabalhado, pois, por um princípio dualidade, o convento é fundamentalmente espaço produtor de energia a que somente individualidades verdadeiramente fortes podem aceder. Apenas o ser forte pode viver sem vaidade. E viver é possível, por meio da ação, ou, da morte.

---

17 Sobre o ato derradeiro de Hélène, consulte-se com proveito Bertelà (1985).

5 AS ITALIANAS

"As raparigas da Itália, se elas amam, entregam-se por inteiro às inspirações da natureza."

(Stendhal, *De l'Amour*)

A emergência do Feminino como arquétipo das *Crônicas italianas* parece conferir ao país dos grandes atos virtuosos, como quer Stendhal, mais uma nuança heróica e natural. Italianas e romanas por excelência, as mulheres que aqui se apresentam carregam em si energia e paixão, sobretudo por percorrerem um universo ainda não atingido pela civilização[1] aos moldes da Europa transalpina onde, a exemplo de Paris, não mais existe "nem natural" nem "*laisser-aller*" (Stendhal, s. d., p.271): "não há, junto às romanas, embaraço, constrangimento, tampouco maneiras convencionais cuja ciência se chama, aliás, *hábito social* ou mesmo *decência e virtude*" (ibidem, p.258).

Essas mulheres, à semelhança daqueles indivíduos que atuam à margem do social, porque vítimas de lesa hierarquia – e a referência é Jules Branciforte e o "*brigandage*" –, explicitam, por meio de suas ações audaciosas e voluntaristas, e de um amor trágico e atormentado, todo o pensar ético de Stendhal.

---

1 "A civilização enfraquece as almas" (cf. Stendhal, s. d., p.17).

Consciente de que seus contemporâneos pouco se comoverão com "os traços de ingenuidade e energia ... dessas histórias e desses suplícios [que fornecem] sobre o coração humano dados verídicos e intacáveis" (Stendhal, 1964a, p.17[23]), Stendhal transforma as *Crônicas* em palco de seu reencontro com um universo irremediavelmente perdido para os homens de princípios do século XIX: essas novelas, além de se oferecerem como um exercício de estilo[2] – e o trabalho com uma variada morfologia literária –, constroem o espaço ideal da energia e do natural, paradigmaticamente representado por mulheres que se "deixam arrastar pela inspiração do momento" (Stendhal, 1965, p.162) e que menosprezam o "hábito social" (*usage du monde*). Vivendo em um país "sublime", nessa Itália mítica onde latinidade e Renascimento se confundem, as figuras femininas assumem em toda a sua plenitude o amor-paixão, ausente da realidade oitocentista de Stendhal. E é justamente a elas, e às suas audácias, que caberá a responsabilidade de conduzir a intriga.

Percorrendo um mundo de fronteiras bastante limitadas que corresponde, como se viu, ao convento e ao palácio familial, as protagonistas das *Crônicas* terão suas silhuetas para sempre contornadas à sombra de correntes, de muros espessos, de minúsculas janelas, de altas torres e belvederes bem guardados, motivos paradigmáticos do universo claustral que traz consigo, e muito naturalmente, a metáfora do "calabouço" (cf. Starobinski, 1961, p.201-3): Hélène de Campireali, por exemplo, fora aprisionada "em um quarto ... cujas paredes, assim como o teto, tinham oito pés de espessura; as religiosas só falavam desse calabouço com terror" (Stendhal, 1964a, p.134). As figuras ali enclausuradas, que experimentam se evadir, ou que transformam sua solidão em instrumento de afronta ao mundo, parecem reproduzir uma situação-modelo: o motivo do amor-paixão insere-se nesse espaço de reclusão, o grande amor nasce dessa mesma reclusão, é fruto de sua própria impossibilidade, de um desejo que implica "distância e separação inexpugnáveis" (Starobinski, 1961, p.203); as heroínas encerradas por suas famílias

---

2 Alguns autores, como Jean Prévost, pretendem que as *Chroniques* sejam um exemplo da tendência stendhaliana ao pastiche, essencialmente nos prefácios e início das novelas.

inspiram amor precisamente em razão desse calabouço. Impossível, pois, ler as *Crônicas* sem recorrer à imagem do vindicativo, de individualidade que se ergue para "atacar a prisão" (Stendhal, 1964a, p.24), libertar o oprimido. Além de exiladas do mundo, todas essas jovens podem igualmente ser deserdadas, fato que as aproxima das classes desafortunadas ausentes da tradicional hierarquia social que instaura a ordem de privilégios.

Tal aproximação corrobora uma vez mais a idéia de que o tecido romanesco das *Crônicas* constrói-se sobre a dualidade opressor-oprimido, social-natural, conveniências sociais-paixão desenfreada; "hábito social" e liberdade pura e primeira. E é provável que precisamente em virtude desse dualismo extrema felicidade e profunda tristeza não conheçam limites claros e distintos entre si, confundindo-se mesmo de forma inseparável. Rosalinde, por exemplo, vê sua paixão por Gennarino crescer quando é afastada dos salões napolitanos e confinada em San Petito; Félize não se sentiria atraída pelo conde Buondelmonte, "um homem verdadeiramente digno desse nome" (ibidem, p.318), se não se encontrasse em Sainte-Riparata; Violante de Cardone ("A duquesa de Palliano") não se ligaria a Marcel Capece se não tivesse sido forçada a se estabelecer no palácio de seu marido, em "Gallese, miserável aldeia a duas poucas léguas de Soriano" (p.233), abandonando assim a corte esplêndida de Roma. As italianas oferecem uma variedade de exemplos, e todos convergem à afirmativa anteriormente enunciada: a paixão é suscitada por sua impossibilidade, e embora conduza à perdição ou irrealização, atua como uma espécie de elemento compensatório, como força que anima o ser singular aprisionado por uma sociedade, que a esta responderá com uma felicidade sem esperança, mas nem por isso enfraquecida ou amorfa. O Feminino das *Crônicas* significa, acima de tudo, individualidade que entende o amor e a paixão como instrumentos únicos de salvação ao tédio que obstinadamente ronda e espreita o universo das novelas.

Expressão mais pura do natural e, por conseguinte, da energia, as italianas não poderiam ser unicamente belas. A fim de desenhá-las determinadas e fortes, Stendhal acrescentou às formas perfeitas inteligência e cultura. Beleza e vivacidade de espírito concorrem, pois, na edificação de uma personalidade completa e heróica. A reunião dessas características resulta em um quadro feminino em que se conformam figuras incomuns, conquanto humanas e mortais, mas primordialmente radiosas e majestosas. Tal como a duquesa de Palliano:

> célebre por sua rara beleza e pela graciosidade ... seria difícil encontrar espírito mais elevado ... Sabia de cor e recitava com infinita graça o admirável *Orlando* de *messer* Ariosto, a maior parte dos sonetos do divino Petrarca, os contos do *Pecorone* etc. (Stendhal, 1964a, p.228[168])

Rosalinde, por sua vez, transformada pelos votos religiosos em "Suora Scolastica", possuía uma fisionomia

> que não se esquece jamais. Podia-se dizer que sua alma se espelhava na sua fronte, nos contornos delicados da boca terna e suave ... Sua fisionomia mostrava uma inteligência viva e, sobretudo, um espírito jovial ... Seus cabelos negros caíam sobre as faces em largas faixas, ela tinha olhos coroados por longas sobrancelhas, e era esse traço que seduzira o rei, provocando suas constantes lisonjas. (ibidem, p.365[264])

Em "Muito prestígio mata", o conde Buondelmonte parece explicitar o desejo stendhaliano de perfeição estética e espiritual ao apresentar Félize como a "mais bela pessoa que encontrei em toda a minha vida" (p.316), "uma moça de vinte anos tão bela e com tanto espírito [que] de modo algum raciocina como uma boneca" (p.344 e 321). Há ainda a trágica Hélène de Campireali, um "milagre de beleza" (p.32) com seus "grandes olhos dotados de uma expressão profunda e sobrancelhas castanhas formando um arco perfeitamente cinzelado ... Tem o ar de uma rainha" (p.33[37]). Mas Hélène não apresentava somente "extrema beleza e uma alma terna": "parece que ela sabia latim" (p.33).

Belas, inteligentes, cultivadas ou, ao menos, de espírito vivo e elevado, essas figuras parecem formar um único modelo, atuam como um arquétipo talvez elaborado para confirmar e explicitar as descobertas do Stendhal turista e crítico de arte,[3] que crê encon-

---

3 Faz-se aqui referência aos textos *Mémoires d'un touriste* – longa viagem pela Europa realizada por Stendhal e Mérimée –, *Promenades dans Rome, Rome Naples et Florence* e *Histoire de la peinture en Italie*.

trar na Itália, e particularmente no século XVI, a perfeita espiritualidade e mesmo sua própria identidade.[4]

Imagens ideais da feminilidade, segundo a acepção stendhaliana, Vanina Vanini, Rosalinde de Bissignano, Hélène de Campireali e Félize degli Almieri desempenham, sem distinção, o papel desestabilizador de seus respectivos universos, neles introduzindo e defendendo, contra todas as forças adversas, aquele amor-paixão. E o feminino representado por essas jovens corresponde precisamente à perspectiva stendhaliana da energia e do natural pelo fato de expressar um amor que, para se exaltar e tornar-se grande, tem anseio de obstáculos. De fato, as dificuldades não fazem senão reforçar a paixão (cf. Marill-Albérès, 1952) e alimentar a imaginação (e o imaginário do romancista): as italianas, à diferença das mulheres no Norte já tiranizadas pelos costumes e pelo ar de elegância mundana, são substancialmente imaginativas e voltadas ao sonho, tal como Violante Cardone, "ainda mais sedutora quando se dignava entreter sua corte com as idéias singulares que o seu espírito concebia" (Stendhal, 1964a, p.228[168]).

Dentre aquelas quatro figuras femininas escolhidas em virtude de seu maior peso e função temáticos, duas não percorrem o universos quinhentista: Rosalinde e Vanina. Em "Vanina Vanini", Stendhal refere-se à questão dos *carbonaros*, representados por Pietro Missirilli, estabelecendo um imediato paralelo com os *"brigands"* do século XVI – e evidentemente com Jules Branciforte. Além disso, Vanina corresponde a todos os conceitos que dizem respeito ao ideal de italianidade expresso ao longo das *Crônicas*, pois que se porta na continuidade de suas companheiras renascentistas. Vanina Vanini, "uma jovem, cujo brilho nos olhos e nos cabelos de ébano denunciavam como sendo romana" (ibidem, p.271), reina majestosa na corte romana de princípios do século XIX:

> a princesa Vanini, a jovem de cabelos negros e de olhar fulgurante, foi proclamada a rainha do baile. Imediatamente os estrangeiros e os

---

4 Ou como quer Michel Mohrt em seu prefácio das *Chroniques*: "esses heróis propõem a Stendhal uma imagem idealizada e compensatória de si mesmo, o proscrito impotente, expulso de Milão pela polícia de Metternich" (in Stendhal, 1964a, p.6).

jovens romanos, abandonando os outros salões, afluíram todos para aquele onde ela estava. (p.272[202])

Ela será exemplo de uma vontade em sua mais alta expressão, daquela vontade superior à razão e mesmo à normalidade. Exemplo de individualidade determinada que age em busca da realização de sua felicidade, Vanina somente se poderia unir a um ser de temperamento semelhante, que "fez algo mais que se dar ao trabalho de nascer" (p.273). Ora, essa personagem não é outra senão o jovem *carbonaro* Pietro Missirilli, que se salvara do forte de Santo Angelo e que, "utilizando um disfarce, e com uma audácia excessivamente romanesca, ao chegar ao último corpo de guarda da prisão, atacara os soldados com um punhal" (p.272[202]).

Missirilli, "um grande homem como os antigos romanos" (p.283) e cujos pensamentos se dedicam ao dever de "libertar a Itália dos bárbaros" (p.285),[5] não se permite outra paixão além daquela da liberdade de seu país. Se, à diferença de grande parte de suas companheiras das *Crônicas,* Vanina não se vê encerrada em claustros ou palácios familiais, ela deve, em contrapartida, defrontar-se com outro tipo de obstáculo, dessa vez unicamente de ordem moral: a fidelidade do *carbonaro* à Itália.[6] Embora compreenda que "o amor à pátria faria o amante esquecer qualquer outro amor" (p.286), a jovem princesa romana decide acompanhar Missirilli para longe de Roma, contrariando assim o normativo representado pela figura do pai que pretendia casá-la com um jovem nobre da corte romana. Seu caráter determinado e excepcional expressa-se nessa decisão, mesmo que com ela viesse a própria desonra: "meu partido agora é o de ousar tudo ... Vou perder-me por ti, mas não importa ... Poderás amar uma moça desonrada?" (p.283[209]).

A energia de Vanina, no entanto, não pode plenamente se desenvolver em virtude de considerações ético-cívicas de Missirilli. Buscando subjugar o destino e traçar as tramas do próprio devir,

---

5 Tais bárbaros seriam os austríacos, ou germânicos, que subjugavam a Itália durante determinado momento da história italiana.
6 Convém aqui relevar a metáfora da Itália como *mater* gloriosa, figura feminina acima dos demais que se impõe magnânime e incontestável, que clama todos à sua defesa.

ela opta por delatar uma conspiração liderada pelo jovem *carbonaro* contra as forças políticas romanas favoráveis ao domínio austríaco. Envolta pelo clima daquele amor-paixão que perturba a ordem, Vanina acredita que com o insucesso dessa empresa militar Missirilli "seria totalmente seu" (p.288). Por infelicidade, o *carbonaro* é também detido, juntamente com os insurretos denunciados pela jovem. Ao revê-lo, já na prisão de Città Castellana, "onde são aprisionados os *carbonaros* transferidos da Romagna a Roma" (p.294), Vanina confessa sua "traição":

> – Tudo isso não é nada; eu fiz mais, por amor a ti ... – Ah! monstro, gritou Pietro furioso, atirando-se sobre ela e procurando golpeá-la com as correntes. Teria conseguido, se o capelão não acorresse aos primeiros gritos. Ele agarrou Missirilli. – Toma, monstro, não quero dever-te nada, disse Missirilli a Vanina, atirando-lhe, tanto quanto lhe permitiam as correntes, as limas e os diamantes, e afastou-se rapidamente. (p.303[221-2])

Esse fato sela, pois, o destino dessa italiana, finalmente recusada em razão de um pecado "cometido por excesso de amor" (p.299). Cumpre-se então aquela fatalidade que parece estar sempre à espreita das figuras ousadas: Missirilli, por sua coragem e seu caráter cívico e virtuoso, vê-se "de tal modo acorrentado que não pode se mover ... e tão carregado de correntes, como se estivesse engradado" (p.300); Vanina, "aniquilada" pela recusa, entrega-se à pior degradação que atinge as almas despojadas de ânimo: ela cede ao social – "voltou a Roma e o jornal anuncia que acaba de se casar com o príncipe dom Livio Savelli" (p.303) – afastando-se, pois, da esfera do virtuoso e do natural.

Transferindo a intriga para a corte setecentista do reino de Nápoles, Stendhal consagrará de virtude e espontaneidade outra jovem italiana: Rosalinde de Bissignano. "A mais bela mulher" da corte napolitana que, em razão de seus "encantos ingênuos ... e sobretudo de seu ar simples e de boa-fé que brilhava em seu olhar" (p.375), comovera Gennarino de las Flores deve inicialmente confrontar a figura opressora do pai, o príncipe de Bissignano, que impõe o interdito ao separar duas individualidades passionais: ao notar que Gennarino "se aplicava em agradar ... à sua filha ... conduziu-a ao nobre convento de San Petito ... [donde] ela só sairia uma vez em sua vida, na véspera do dia em que recebesse a ordenação" (p.377[272]).

Erguem-se, então, muros e obstáculos inexpugnáveis que a um só tempo desafiam a determinação de indivíduos enérgicos e inconformados e direcionam "olhos profanos" para o convento que é, acima de tudo, *topos* de um paradoxo tantalizante: um conjunto de corpos reunidos pela negação do próprio corpo (cf. Berthier in *Stendhal Club*, 1986, p.139). Os protagonistas da novela setecentista recusam-se a ceder à impossibilidade, à separação, à negação. E será na figura de Rosalinde, feita Suora Scolastica, que a particular acepção ontológica trabalhada por Stendhal (1964a) se manifestará: sozinha no interior do "nobre convento de San Petito, situado na parte mais elevada na Rua de Toledo, que então estava na moda, servindo de túmulo para as moças da mais alta nobreza" (p.376[271]), ela deve lutar contra a coalizão de todas as religiosas que se insurgem contra a paixão e energia liberadoras. Quando a jovem noviça é surpreendida com Gennarino, "o libertino maldito que ousara violar o claustro do convento" (ibidem, p.390), religiosas atuam como inquisidoras, punindo-a abusivamente:

> A pobre Scolastica ... se deixou conduzir a uma prisão subterrânea e vizinha do *In Pace* do nobre convento ... Nessa prisão só deveriam ser colocadas as religiosas ou as noviças condenadas ou surpreendidas em flagrante delito atroz. Essa condição estava inscrita acima da porta, o que não era o caso da noviça Scolastica. Tal abuso não passou desapercebido à abadessa, mas julgava-se que o rei amasse a severidade e a abadessa pensava no ducado de sua família. (p.391[281])

Confirmando, entretanto, o natural heróico stendhaliano, Rosalinde terá forças suficientes para reconhecer diante de todos, e de modo ingênuo e espontâneo, os direitos de sua paixão – "mas este jovem é meu marido!" (p.390) – mesmo se sua personalidade repleta de naturalidade não possa prever ou diretamente se opor aos cálculos mesquinhos de todo um universo corrompido. Rosalinde, pois, *malgré elle*, torna-se vítima e presa de uma abadessa cúpida e de religiosas que "julgavam o flagrante ocorrido na noite precedente como muito vantajoso para a glória do convento" (p.392).

Desse modo, sobre uma única noviça, aliás inocente, recairá o "crime" de todas as religiosas. A ingênua Rosalinde confirma a corrupção reinante no "nobre convento": "os rumores públicos proclamam que muitas dessas almas, ligadas ao céu pelos seus votos, recebem visitas durante a noite; e desde que estou neste convento entrevi coisas que me fazem pensar como o público" (p.391[281]).

O natural é assim castigado por esse microcosmo, por essa sociedade em miniatura que, por meio da punição sumária e exemplar, pretende restabelecer a honra da coletividade (cf. Marill-Albérès, 1952): "a aplicação de uma pena severa ... reergueria em Nápoles e em todo o reino a reputação um pouco abalada do nobre convento" (Stendhal, 1964a, p.393[282]).

O destino de Rosalinde é o mesmo que um século mais tarde se imporia a Vanina: o casamento com um indivíduo que não escolheu. Resultado: a queda no social e a perda de toda virtuosidade primeira. Cumpre-se, pois, uma vez mais, o *dictum* da estética e da "moralidade"[7] stendhalianas: subjugada pelas regras externas à sua consciência, Rosalinde vê sua virtude transportar-se da esfera da plena realização àquela da simples virtualidade.

Rosalinde e Vanina pertencem à linhagem daquelas italianas de temperamento natural e passional que remontam ao século XVI da península. Félize degli Almieri e Hélène de Campireali são suas antepassadas em esplendor e tragicidade. A jovem Félize surge como paradigma de vivacidade espiritual, pois além de se mostrar enérgica em suas ações expressa-se habilmente, seu uso da linguagem chega mesmo a surpreender o conde Buondelmonte, enviado ao Convento de Sainte-Riparata para resolver a questão do número de camareiras permitido a cada religiosa:

> Admirou a sagacidade de Félize. Sabia a arte de responder de uma maneira lisonjeadora para o conde a tudo o que ele lhe indagava sobre o combate fatal que se travara à porta do convento, mas esquivava-se muito bem de lhe dar respostas conclusivas. Após uma hora e meia de conversação ... o conde não se entediara um só instante. (Stendhal, 1964a, p.341[247])[8]

---

7 Moralidade aqui entendida como postura ética que diz respeito à teoria stendhaliana do natural.
8 O combate ao qual se refere o conde Buondelmonte visava inicialmente criar uma armadilha para os amantes de Céliane e Fabienne, rivais de Félize e Rosalinde. No entanto, ele resultou fatal: os dois jovens terminaram assassinados.

Admirável por sua "habilidade", Félize também o é por sua franqueza e espontaneidade, distante assim de qualquer afetação e hipocrisia, elementos constitutivos do quadro de faltas morais incessantemente apresentados por Stendhal como fraqueza e vacuidade. De posse de um espírito vivo e de uma perfeita fluência verbal, Félize assume franca e abertamente o amor-paixão, desvirtuado pelas religiosas, porque hipócritas e acomodadas entre a prática religiosa e mundana. Nesse sentido, ela nada mais faz senão perturbar a tranqüilidade e a ordem de Sainte-Riparata, ao mesmo tempo em que, "preocupada como ela com a injustiça da sociedade e das famílias contra as religiosas" (Stendhal, 1964a, p.339), questiona a própria estrutura e modos religiosos.

Universo da intriga, o convento coloca à prova a determinação de suas hóspedes. A vingança apresenta-se não mais no interior de uma perspectiva maniqueísta, mas, antes, nos limites expressos pela força e pela vontade. É a essa vingança que Félize recorre, quando Fabienne diz "à abadessa que ela e Rosalinde permaneciam às vezes no jardim até duas horas depois da meia-noite" (ibidem, p.323), atitude que valera à jovem Degli Almieri admoestações feitas em "tom altivo" pela abadessa. Sua individualidade ofendida, "ainda mais porque depois que conhecera o conde fizera vir seu amante Rodéric ao jardim apenas uma vez, e ainda sim para dele zombar" (p.323), a vingança reveste-se de justiça e não mais se restringe ao dualismo Bem-Mal. Entretanto, ela igualmente dirá respeito à paixão, pois que Félize pretende com sua atitude provocar desordens tais no convento "que a presença do conde seria freqüentemente necessária" (p.325).

Embora Stendhal dê prosseguimento à sua novela, e aos acontecimentos que sucederam à vingança de Félize – morte dos "jovens amantes" de Céliane e Fabienne, desespero dessa última e envenenamento da abadessa para salvar a honra das rivais de Félize –, sua protagonista é ainda delineada segundo as categorizações relativas à energia. O que interessa ao autor é a persistência de uma individualidade na vontade e no natural, na "franqueza perfeita" que traz consigo a admiração de seus iguais. À sinceridade e vivacidade de Félize, o conde Buondelmonte responde com "extrema candura", comprovando o conceito stendhaliano de seres singulares:

"Não sei se ousaria vos dizer que todas as pessoas do vosso sexo que encontrei no mundo me inspiraram sempre mais desprezo pelo seu caráter do que admiração pela sua beleza" (p.344[249]).

Ausente do final da narrativa, Félize está para sempre presente na galeria dos retratos de italianas naturais e stendhalianamente romanescas.

A "A abadessa de Castro", por sua vez, é exemplar como descrição de tipos stendhalianos. Se nela o leitor pode percorrer o universo do século XVI peninsular guiado pela sombra de um Jules Branciforte, também é possível conhecer em toda sua conformação a mulher italiana, não apenas em seu momento de perfeição existencial, mas igualmente em sua queda e vacuidade morais. Se Stendhal tanto se interessa por Hélène de Campireali, é porque trabalha na enunciação do amor-paixão e da pureza absoluta. E a filha da poderosa família Campireali parece transformar-se no espectro da italianidade ao viver, em toda a plenitude, o desabrochar e o desenvolvimento de seus sentimentos. Seu amor "entrega-se rapidamente",[9] inteiro, sem reservas mentais, sem medir as diferenças (cf. Bertelà, 1985, p.250). Hélène ama Jules "com toda a sua alma" (Stendhal, 1964a, p.41). Trata-se de um sentimento simples e essencial como sua própria existência, natural absoluto de um sentimento amoroso que se expressa em continuidade ao amor familial: "embora o conhecesse ainda bem pouco, ele era o ser no mundo que ela mais amava depois de sua família" (ibidem, p.37).

A temática recorrente das *Crônicas* se faz, entretanto, uma vez mais presente, isto é, paira sobre Jules e Hélène o grande fantasma do interdito; do obstáculo a transpor, da hierarquia a romper, dos muros a destruir. A sociedade travestida de hierarquia menospreza o "pobre" Jules e, paradoxalmente, fortalece ainda mais o amor de Hélène, que desconsidera as diferenças sociais. Ela não faz parte, como ser de elite e exceção que é, do quadro mesquinho e hipócrita de usos sociais que estipulam separações contra o natural. Recusan-

---

9 À espera de Jules determinada noite, a ansiedade apodera-se de Hélène: "as censuras que freqüentemente fazia a si mesma a respeito da rapidez com que se ligara a Giulio ... não tinham mais sentido" (Stendhal, 1964a, p.41[43]).

do-se a ceder ao normativo, ela dá provas por meio do simples ato de jogar "seu lenço ao pé do carvalho frente à sua janela" (p.39) de não participar do que se lhe apresenta intolerável, ou seja, o menosprezo pela pobreza, pela pobreza de Jules em especial. Mais uma vez a individualidade natural se faz rebelde e inconformada.

O social não deixa, porém, de agir e decreta de modo mais nítido a impossibilidade de união ao conduzir Hélène ao Convento da Visitação. "Sozinha com seu amor, com sua perturbação, sua angústia, seu desespero" (Bertelà, 1985, p.249), processa-se no íntimo da jovem heroína um único momento de hesitação, contrariando em um instante sua determinação: ela tem a "fraqueza de dizer apenas uma palavra" (Stendhal, 1964a, p.107) à sua mãe sobre Jules, sem se dar conta de que o embate entre seu amor e sua "rica e nobre família" era claro e irrevogável.[10] Um momento apenas, uma única fraqueza, e tudo se perde.

Como Stendhal (1964a, p.113[87]), deixemos de lado "dez anos de uma vida tão infeliz", tempo em que "as medidas prudentes e as mentiras da civilização, que de agora em diante vão obcecá-la, substituirão os movimentos sinceros das paixões enérgicas e naturais".

De fato, ao crer Jules morto, Hélène não vê mais diante de si senão a desesperança, a indecisão que, juntamente com o tédio e o vazio, conduzem-na à degradação, ao desvirtuamento e, enfim, à sensação de queda. Tal sentimento de vacuidade moral faz-se ainda mais poderoso e mesmo irremediável quando, por meio dos "três antigos *'bravi'* de Jules que engajara a seu serviço" (p.138), Hélène recebe a notícia da volta de Branciforte à Itália. O abismo aberto por mais de dez anos de mentiras apresenta-se como única via de salvação. Incapaz de se vingar de uma sociedade que a traiu (cf. Bertelà, 1985, p.250), impotente para outra solução, "a adaga no coração" faz reviver um sentimento natural e puro que, embora mutilado por uma série de "infâmias", nunca deixara de estar presente. Na verdade, a italianidade de Hélène reside justamente no fato de ter conservado a salvo seu amor:

---

10 "Esqueci totalmente, meu amigo, que essa mãe tão querida tinha interesses contrários aos teus" (Stendhal, 1964a, p.89[73]).

Não acredites que eu tenha amado algum outro ser no mundo depois de ti; longe disso, meu coração estava cheio do mais vivo desprezo pelo homem que eu admitia em meu quarto ... jamais pude me entregar a este homem sem experimentar um sentimento de horror e de desgosto que aniquilava todo prazer. (Stendhal, 1964a, p.141[105-6])

A virtude, por um instante envolta em degradação e torpeza, é enfim restabelecida por um ato de coragem e força de caráter que busca, por meio da morte, a conservação e a persistência do sentimento amoroso.

Desse modo, ao evoluírem em meio a mundanas, religiosas e familiares que formam uma única frente contra a manifestação do natural enérgico, as heroínas stendhalianas tomam as mais extremas resoluções, conferindo à sua vida implacável tragicidade. Contudo, não se deixar conduzir pela espontaneidade, por mais que esta traga consigo a fatalidade, é ceder aos preconceitos e ao maniqueísmo, é viver distante de qualquer movimento passional e virtuoso. Sozinhas no interior de um universo que lhes recusa o acesso à verdadeira felicidade, combatendo uma poderosa coalizão de inimigos, essas heroínas expressam, eloqüentes, todo seu caráter natural.

Uma página da edição de 1840 de *A cartuxa de Parma*, corrigida de acordo com os conselhos de Balzac, que lhe criticava a ordem e o estilo.

6 A QUESTÃO DA HONRA

"Poderia vingar-me, deveria tê-lo feito,
pedia-o minha honra."

(Stendhal, *Abbesse de Castro*)

Toda a estética do natural enérgico presente ao longo das *Crônicas* parece esboçar-se segundo uma tessitura romanesca que privilegia o conflito, o dualismo e a bipolarização de específicos universos e individualidades. Como se viu, o *"brigandage"*, representado pela figura de Jules Branciforte, opunha-se ao poder institucionalizado; no capítulo em que se pretendeu esboçar um dispositivo espacial determinante na intriga, a função simbólica dos conventos contrapunha-se dialeticamente àquela da floresta e dos domínios da liberdade; e, ainda, na discussão acerca do motivo da feminilidade, religiosas perseguiam incansavelmente jovens naturais e passionais. Ora, a conformação de um discursivo baseado em princípios dialéticos, a construção de um texto literário a partir de noções que somente adquirem força expressiva e verossimilhança por meio da própria negação e contraposição de seus aspectos constitutivos enunciam-se de modo particularmente exemplar no trabalho com uma questão primordial ao universo das *Crônicas*: o motivo da honra, responsável pela elaboração de um embate entre esferas específicas relativas ao passional, ao familial e ao cívico.

Em "Vanina Vanini", a energia que nas demais novelas manifestava-se como sentimento de revolta perante uma hierarquia social segregacionista transfere-se para outro domínio: ela confunde-se aqui com a virtude da Roma antiga, que submete a energia viril a um profundo sentimento de civismo (cf. Shields in *Stendhal Club*, 1986, p.121). Se o italiano paradigma de Stendhal é Jules Branciforte, expressão pura de uma virtude primitiva que se revela na do indivíduo, que eleva a defesa da honra ao estatuto de defesa pessoal – como aliás se dera com Béatrix Cenci e com o duque de Palliano,[1] assassino de sua própria esposa pelo fato de ter sido por ela traído e, por conseguinte, desonrado –, também um Pietro Missirilli, *carbonaro* – "Chamo-me Pietro Missirilli e tenho dezenove anos; meu pai é um pobre cirurgião de Sant'Angelo-in-Vado e eu sou carbonário" (Stendhal, 1964a, p.277[205])[2] – carrega em si toda italianidade, talvez mais explícita porque diretamente relacionada à noção de pátria, nação. Em Branciforte, é o sentimento amoroso dedicado a Hélène que faz a honra agir; em Missirilli, a honra cívica está acima da passional, gerando todo o conflito que conduzirá a intriga de "Vanina Vanini". Não por acaso, ao ser descoberto por Vanina em um dos aposentos do palácio de Dom Asdrubale, pai da protagonista, e confundido com uma "mulher demasiado infeliz",[3] Missirilli esconde-se detrás do pseudônimo Clémentine: seria então o jovem *carbonaro* um avatar "daquele santo Clément, jovem soldado romano, fiel até a morte e séculos

---

[1] Seria preciso lembrar que "Béatrix Cenci encontrara-se no caso de legítima defesa?". Ou que o duque de Palliano obrigara o amante de sua esposa a confessar "sim, traí meu senhor; sim, roubei-lhe a honra"? (Stendhal, 1964a, p.197 e 243,[146 e 177]).

[2] Que se assinale: os *carbonaros* são, de certa forma, a continuidade dos "*brigands*" do século XVI italiano. A diferença que se prenuncia na figura de Missirilli diz respeito a uma atitude mais política, vinculada à organização nacionalista, quase desligada da pura satisfação de anseios pessoais. A salvação de pátria une-se à salvação do próprio eu, ao passo que junto ao "*brigandage*" prevalece a noção de anarquia, de homens que se agrupam temporariamente a serviço de um nobre e que, como Jules, servem-se do ofício para alcançar a realização individual, conquanto também preocupados com o Outro.

[3] "Mergulhado em um calabouço iluminado dia e noite apenas por uma lâmpada, ali passei treze meses. Uma alma caridosa teve a idéia de salvar-me. Fui vestido de mulher" (Stendhal, 1964a, p.278,[205]).

mais tarde chorado por uma multidão de devotas?" (Moya in *Stendhal Club*, 1987, p.162). Civismo, devoção e paixão, paixão amorosa e paixão pela pátria,[4] estão no centro do drama de Missirilli e Vanina. Herdeiro dos antigos romanos – "tu és um grande homem, como nossos antigos romanos (Stendhal, 1964a, p.282) –, Missirilli é um "servidor da pátria" (ibidem, p.282) dedicado ao dever de libertá-la do jugo austríaco. Até o momento de seu encontro com Vanina, ele voltara sua existência inteiramente a empreendimentos político-militares, associando sua liberdade à noção de pátria. Sem incertezas e questionamentos. No entanto, e mantendo a coesão interna da dialética beylista, Missirilli hesita entre sua devoção à Itália e seu sentimento por Vanina. A honra que até então era una e indivisível vacila, agora, entre civismo e amor.

À diferença das outras personagens que percorrem as *Crônicas* em luta contra imposições restritivas advindas das dificuldades sociais e espaciais – tais como a diferença de classes e a topografia romanesca que instituem o inatingível como normativo –, o embate que aqui se prenuncia corresponde a imperativos de ordem ética. Ao rever Missirilli, aprisionado no forte de Santo Ângelo em razão de mais uma de suas conspirações contra os bárbaros austríacos que dominavam a Itália, Vanina não percebera que a mudança "em seu amante era totalmente moral e não efeito de maus tratos físicos" (p.301). Antes de se decidir por um dos dois pólos que irremediavelmente se excluíam, Missirilli abandonara-se a grandes perturbações, entendendo o amor como uma manifestação espiritual que o obrigava a negligenciar seu dever: "alma de minha vida, tu me fazes esquecer tudo, disse-lhe ele, inclusive meu dever" (p.289).

Essa atitude não faria senão afastar o jovem *carbonaro* da honra e mesmo da própria liberdade. De fato, sua liberdade liga-se congenitamente àquela da Itália, sua honra pode apenas atuar nos limites de um civismo, pois, do contrário, será somente perda e desvirtuamento. Assim, se Missirilli não pode empregar de modo absoluto sua energia em benefício de um sentimento amoroso, se lhe é im-

---

4 A idéia de nação, de Itália, guarda em seu interior uma certa nuança de feminilidade, estabelecendo-se nesse sentido uma imagem de pátria sexual imaginária. Patriota e Pátria desempenhariam então os papéis do Masculino e do Feminino.

possível entregar-se à sensação – Vanina, ao contrário, à semelhança de suas companheiras das demais novelas, é determinada na busca de sua felicidade –, tal ocorre pelo fato de atuar como *carbonaro*: ser *carbonaro* nada mais significa que simplesmente ser. O *alter ego* de Missirilli é a pátria e não o amor, como se dá, neste último caso, com os demais heróis das *Crônicas*: "Amo-te com paixão, disse-lhe; mas sou um pobre servidor da pátria; quanto mais a Itália for infeliz, mais devo-lhe permanecer fiel" (p.282[208]).

Stendhal parece mesmo esboçar uma aura mítica para essa alteridade ao conferir à defesa da pátria uma disposição plenamente religiosa. De modo que o jovem *carbonaro* encontrará uma única explicação para o fracasso de determinada ação político-militar: a queda no pecado, a honra maculada por elementos perniciosos que desviam e deturpam a virtude inicial. Missirilli explica, dessa forma, seu sentimento a Vanina:

> O infortúnio constante que perseguiu meus empreendimentos derivou-se, talvez, do estado de pecado mortal em que me encontrava quase sempre. E, levando em conta apenas os conselhos da prudência humana, por que não estava eu com os meus amigos naquela noite fatal em Forli? Por que, no momento do perigo, não me encontrava em meu posto? Por que minha ausência pôde autorizar as suspeitas mais cruéis? É que eu tinha uma outra paixão, além dessa pela liberdade da Itália. (p.301[220])[5]

Para poder cumprir seu objetivo, e sua própria razão de existir, ele adota, então, uma atitude radical: "Se eu amasse alguma coisa sobre a terra, seria a ti, Vanina; mas graças a Deus só tenho agora um objetivo em minha vida: morrerei na prisão ou procurando dar a liberdade à Itália" (p.301[221]).

De fato, para viver virtuosa e livremente, sem culpas nem perturbações de ordem moral, Missirilli deve livrar-se de todo e qualquer sentimento que não diga diretamente respeito à sua devoção pela Itália. Ao aceitar "diamantes e pequenas barras de ouro" das mãos de Vanina, ele declara à jovem princesa romana:

---

5 Forli é o palco principal dos amores de Vanina e Missirilli. É também ali que ela delata a conspiração liderada pelo jovem *carbonaro*.

Aceito por dever ... pois devo procurar me evadir, mas não te verei jamais, juro-o em presença de teus novos benefícios. Adeus, Vanina; promete jamais escrever-me e jamais procurar rever-me. Deixa-me inteiramente entregue à pátria. Estou morto para ti: adeus. (p.302[221])

Essa pátria tem o dom de comovê-lo mais que "uma palavra de amor" (p.387): "Vanina estava aterrada. Ao lhe falar, o olho de Pietro tinha brilhado apenas no momento em que pronunciara a palavra *pátria*" (p.302[221]).

É bem verdade que tal dedicação cívica exige a renúncia ao mundo das paixões amorosas, mas a plenitude do ser stendhaliano, do italiano, é unicamente alcançada se confundida com a dor, com o choque ou com o obstáculo. Consciente do mal que para ele é o amor, Missirilli reúne maiores forças de resistência e maiores possibilidades de triunfo. Sua honra está salva pela difícil via da negação, isto é, por meio do sofrimento e da infelicidade:

Minha infelicidade, bradou ele, é que te amo mais do que a vida, e que deixar Roma é para mim o pior dos suplícios. Ah! por que a Itália não está livre dos bárbaros! Com que prazer eu embarcaria contigo para ir viver na América. (p.282[208])

Recusando-se a casar com Vanina – "Vanina, eu te recuso" (p.282) –, Missirilli pretendia assegurada sua fidelidade à pátria. Ele é, pois, uma individualidade stendhaliana por excelência, sobretudo por compreender e mesmo pregar que "o dever é cruel; mas se não houvesse um pouco de dor a experimentar, onde estaria o heroísmo?" (p.301).

Em "A abadessa de Castro", por sua vez, além dos imperativos de ordem social e espacial, também o conflito entre distintas categorias de honra determinará a separação dos protagonistas e o fim trágico de Hélène de Campireali. Stendhal baliza essa intriga quinhentista em três diferentes etapas. Em um primeiro momento, Jules e Hélène conhecem as dificuldades advindas de uma hierarquia social que impede ao "*brigand*" o acesso à janela da jovem nobre, embora esta ainda não manifeste "todos os temores de sua casta" (p.55). Em seguida, com a morte de Fabio de Campireali no combate de Ciampi, instala-se o marco divisor da novela, momento em que Hélène será conduzida ao Convento da Visitação e a partir do qual empregará "todo o resto de sua vida na tarefa de esquecer aquele por cujas mãos seu irmão perecera" (p.76). Anterior ao combate, a honra passional emergira naturalmente em Hélène, dirigindo-a de modo espontâneo e preocupando-a unicamente em preservar seu amor da fúria familial: ao receber Jules para longas conversações sob sua janela, em uma determinada noite, "como seu pai e o seu irmão Fabio estivessem em casa, seu primeiro pensamento foi que o menor ruído seria acompanhado por um tiro de arcabuz disparado na direção de Jules" (p.37[40]).

A honra familial, contudo, aos poucos invadia o espaço até então dominado pela paixão natural e pura, porque livre de preconceitos restritivos. Nesse sentido, ao enviar uma carta a Hélène, já aprisionada no claustro, Jules aludira ao juramento de dedicação mútua selado entre ambos, em uma evidente tentativa de apelar para a honra passional, que parecia enfraquecida e prestes a ceder à separação:

> Queres então relegar ao esquecimento a palavra de Deus que nos foi transmitida pelas Sagradas Escrituras? Deus disse: A mulher deixará sua família e seus pais para seguir seu esposo. Ousarás pretender que não és minha mulher? Lembra-te da noite de São Pedro. Quando a aurora já surgia atrás do Monte Cavi, te jogaste aos meus joelhos ... Então, lembra-te ... levantei-me, tirei de meu peito a cruz que sempre levo comigo e juraste sobre essa cruz, que aqui está diante de mim, por tua danação eterna, que em qualquer lugar em que pudesses me encontrar, acontecesse o que tivesse de acontecer, assim que eu te ordenasse, te colocarias à minha inteira disposição, tal como estavas no momento em que a *Ave Maria* do Monte Cavi soou tão longe em teus ouvidos. Em seguida oramos devotamente dois *Ave* e dois *Pater*. Pois bem! pelo amor que então me devotavas e, se já o esquecestes, por tua danação eterna, ordeno-te receber-me esta noite, em teu quarto ou no jardim do Convento da Visitação. (p.78[65])

Mas enquanto para Hélène essa mudança era bastante justificável "após a morte de um irmão" (p.79), para Jules, ao contrário, ela significava "não cumprir o juramento" (ibidem), negação, por conseguinte, da palavra divina. Outra fraqueza iria ainda comprometer a honra passional.⁶ É Jules quem abertamente alude a tal desvirtuamento:

> Acreditei em vossa palavra de honra, sois infiel ao mais sagrado juramento, e espero que com o correr do tempo o justo desprezo inspirado pela vossa leviandade poderá me curar deste amor que há tanto tempo faz a infelicidade de minha vida. (p.86[71])⁷

Acreditando na "extrema candura de sua mãe" (p.86) que, como se viu, arquitetara na verdade toda uma rede de mal-entendidos e desencontros a seu redor, Hélène preferira pensar "no escândalo que ocorreria ... na terrível posição em que se encontraria sua mãe" (p.87). Assim, ela não aceita partir ao lado de Jules: embora inicialmente virtuosa, a jovem Campireali é punida por não atuar até o fim segundo as regras da energia natural. Seu caráter "fraco pusilânime, desprezível" (p.89), como ela própria se descreve em carta endereçada a Jules, acarreta a queda na infelicidade, afastando-a definitivamente do *"brigand"* Branciforte, sempre virtuoso porque fiel à espontaneidade, ao natural e ao passional.

Ganha-se, aqui, a terceira e última etapa da intriga, momento em que a pobre Hélène tentará ainda se reerguer e readquirir sua honra, em que é oferecida à jovem uma via de salvação que colocará à prova sua real força de caráter: a morte, ou, mais precisamente, o suicídio, capaz de alçar a nobre Campireali à categoria do heróico. A morte é, aliás, um motivo bastante particular ao painel italiano de Stendhal. Longe de se investir de um estatuto destrutivo, que põe termo a toda aspiração humana, ou de atuar como punição exemplar a envolver personagens maléficas e corrosivas, antinaturais e contrárias a qualquer manifestação de energia, a morte é depuração de faltas e desvirtuamentos; ela apaga e abole manchas, trazendo consigo outra vida, purificada. Trata-se mesmo do próprio

---

6 Vale reafirmar: segundo Stendhal, a italianidade é dada apenas pela paixão, ao passo que todos os outros sentimentos relativos às obrigações sociais e, nesse sentido, à família, conduzem à perda da virtude e à queda na mediocridade.

7 Que o leitor não se surpreenda com essas inconstâncias pronominais. Empregar ora a segunda pessoa do singular ora a segunda pessoa do plural significa acomodar a expressão verbal a momentos passionais que exigem uma maior ou menor intimidade.

devir. Hélène enfim compreende que a responsabilidade por tanta desventura e tanta infelicidade deve recair sobre sua mãe: "Ah, minha mãe! gritava ela, fizestes a mim um grande mal! ... Envenenastes minha vida e agora quereis também envenenar minha morte" (p.138-40[104-5]). Sem alternativa, resta-lhe apenas o suicídio, único modo de igualar-se a Jules em virtude e natural. Por meio da morte, a vida verdadeira é atingida. Pela morte, a pureza se refaz.

E pela morte atinge-se igualmente o heroísmo, elevando a honra à categoria do sublime. Nesse sentido, a passagem da execução de Béatrix Cenci é bastante paradigmática. A expressão do virtuoso e do heróico na protagonista de "Os Cenci", além de toda a simpatia que sua beleza produz junto a outras personagens da intriga,[8] manifesta-se de forma exemplar no instante em que Béatrix caminha para o cadafalso. Usando um vestido de "tafetá azul com uma corda espessa envolvendo sua cintura, a cabeça coberta por um grande véu de tafetá que chegava até a cintura" (p.212-3) – e o autor comenta, lembre-se, que "estes vestidos foram feitos como aqueles das religiosas" (p.212) –, a jovem Cenci dirige-se à decapitação com "graça singular" e "grande coragem". Nesse momento, o descritivo parece ceder lugar ao cênico, pois é possível ler essa passagem da execução como uma grande manifestação teatral, trágica, em que Béatrix interpreta sua própria morte, recitando-a em voz alta diante de um público atento, que é seu espectador:

> rezou com fervor pela alma [de sua mãe]. Em seguida falou em voz alta e durante muito tempo ao crucifixo. – Senhor, retornaste por mim e eu te seguirei de boa vontade, sem desesperar de tua misericórdia por meu enorme pecado etc. Depois recitou vários salmos e orações sempre em louvor a Deus. Quando enfim o carrasco apareceu diante dela com uma corda, disse: – Amarra este corpo que deve ser

---

[8] Tal como o episódio do assassinato de François Cenci: "Então, vós, que sois homens, e que estais preparados para uma tal ação, não tendes coragem de matar um homem que dorme! Menos ainda ousaríeis contemplá-lo de frente, caso estivesse desperto! ... Pois bem! Já que a vossa covardia assim o exige, eu mesma matarei meu pai! E quanto a vós, não vivereis muito tempo! Animados por essas poucas palavras fulminantes ... os assassinos retornaram ao quarto resolutamente, desta vez seguidos pelas mulheres" (Stendhal, 1964a, p.291[149]).

castigado e desamarra esta alma que deve chegar à imortalidade e à glória eterne. (p.216[158])

À praça da ponte de Sant'Ângelo, que é seu palco; no interior da cidade eterna, que é teatro:

> durante toda a noite se havia trabalhado na praça da ponte Sant'Ângelo nos preparativos dessa tragédia cruel ... Haviam erguido um grande cadafalso com um cepo e uma espécie de guilhotina. (p.218[155-6])

Arte e realidade assumem uma única face, Béatrix histórica e Béatrix romanesca confundem-se em uma só individualidade, cuja fisionomia é aquela de uma heroína atingida pela tragicidade, na história e na literatura. É a mártir triunfante voltada ao suplício que pratica de maneira devota e criminal a religiosidade – e para Stendhal a religião italiana é paixão e emoção[9] –, que utiliza o direito de se defender cometendo um crime, não vil, mas, antes, para "salvar sua honra" (1964a, p.82).

---

9 Seria conveniente assinalar que todos os seres apaixonados de Stendhal, como Clélia, Fabrice e os heróis das *Crônicas*, são indivíduos religiosos: "Stendhal jamais conseguiu criar um herói apaixonado que não fosse religioso" (Girard, 1961, p.82).

7 NOITE, OBSCURIDADE, COMUNICAÇÃO

"Nessa noite, quando Jules encontrava-se aos pés de Hélène, estava quase totalmente escuro e a pobre moça sentiu-se bastante feliz com essa obscuridade."

(Stendhal, "Abbesse de Castro")

Admirador da arte pictórica do Renascimento, não surpreende que ao longo de suas *Crônicas italianas* Stendhal recupere temas, formas e imagens particulares à pintura italiana. Embora não existam influências comprovadas desse gênero artístico sobre a narrativa das novelas, faz-se aqui a hipótese de que o romancista teria absorvido e explicitado preocupações comuns à espiritualidade renascentista. Nesse sentido, por que então não aproximar o claro-escuro trabalhado pelas *Crônicas* do jogo de luminosidade tão característico a um Leonardo da Vinci?[1] E por que não redescobrir nos heróis stendhalianos a expressividade silenciosa das figuras vigorosas de um Miguel Ângelo e a "beleza sublime" daquelas de um Correggio?[2]

---

1 Segundo Stendhal, Leonardo da Vinci "possuía aquele *coloris* melancólico e terno, abundante em sombras, sem ostentação nas cores brilhantes, triunfante no claro-escuro que, se não tivesse existido, deveria ser inventado para um tal assunto" (Stendhal, 1868, p.140).

2 Paradigmáticas a esse respeito as passagens que Stendhal dedica a ambos os artistas renascentistas ainda na *Histoire de la peinture en Italie*. De Miguel Ângelo, ele releva que "seu gosto elevou-se à expressão das grandes qualidades

Sempre visando esclarecer a noção de italianidade e fiéis a ritmos literários particulares, as *Crônicas* stendhalianas convidam a um só tempo a uma viagem mergulhada nas sombras, em que a luminosidade se faz entrever em determinados e especiais momentos, e a um concerto em que os códigos de comunicação entre o casal amoroso, ou entre as personalidades naturais, escapam aos cânones fixados pelo normativo. Da mesma maneira que a narrativa organizara uma precisa topografia, baseada no dualismo universo do natural e universo do institucional, ela igualmente elabora uma topologia da luminosidade – ou sua ausência – e da comunicação, determinantes no desenrolar da intriga.

"O amor apaixonado que se nutre de grandes sacrifícios ... só pode subsistir [se] envolto em mistério" (Stendhal, 1964a, p.33[38]). Essa parece ser a máxima não apenas de Hélène de Campireali, mas de todas as demais personagens stendhalianas em luta perpétua contra os poderes institucionais, representados especialmente pela família e pela Igreja (cf. Didier in *Stendhal: l'écrivain, la société et le pouvoir*, 1984, p.253). A energia dos protagonistas das *Crônicas* encontra junto ao mundo da exterioridade natural um importante aliado: noite, chuva, tempestade, tudo contribui para a formação de uma obscuridade, de uma aura velada, como um manto que recai sobre os ombros, a fim de proteger uma silhueta. A obscuridade atua igualmente como instrumento de defesa, arma à disposição de uma individualidade cuja paixão e espontaneidade se vêem ameaçadas pelo normativo.

Será sobretudo em "A abadessa de Castro" que se reconhece o motivo da noite como proteção. No interior de uma narrativa cujos momentos cruciais ocorrem em meio à obscuridade – Jules ataca-se ao Convento da Visitação "no meio da noite" –, estética e ética stendhalianas formam um só corpo semântico, isto é, atuam de modo a perpetuar uma atmosfera natural que liberta porque protege

---

da alma, em vez de restringir-se à expressão da força física e da força de caráter; o que nossa alma ávida pede às artes é a pintura das paixões e não a pintura das ações que nascem das paixões" (Stendhal, 1868, p.308). Quanto a Correggio, Stendhal observa que o pintor buscava "atalhos graciosos, suas fisionomias jamais possuem algo de severo, seus olhos têm uma volúpia celeste, seus quadros parecem cobertos de seis polegadas de cristal" (ibidem, p.93-4).

(cf. Richard, 1954, p.59). Na contracorrente desse natural se encontra a atmosfera social, essencialmente presente em espaços de contornos bem definidos, porque claros, ou onde o inimigo se coloca à espreita. Assim, a fim de surpreender as conversações noturnas entre Hélène e Jules, "como soassem onze horas e quarenta e cinco, [o senhor de Campireali] advertiu Fabio e os dois deslizaram, fazendo o menor barulho possível, por um grande balcão de pedra situado no primeiro andar do palácio, precisamente sob a janela de Hélène" (Stendhal, 1964a, p.40[42]).[3]

É também durante a "noite sombria", marcada por um "silêncio profundo" – e as noites stendhalianas são quase sempre preenchidas por longas ausências de sons –, que Jules faz passear seu buquê, "como a asa silenciosa de um pássaro" (ibidem, p.36), diante da "janela sobre a qual Hélène estava apoiada" (p.36). E a obscuridade era tamanha, "a noite estava tão sombria, que Jules teve alguma dificuldade em manter seu buquê exatamente diante da janela em que supunha que estivesse Hélène" (p.36). Se a troca de sinais entre os dois se realiza normalmente após meia-noite, se Jules se aventura a incursões sob as janelas do palácio de Campireali apenas quando a noite se faz impenetrável, isso então corresponderia à significação bastante particular assumida pela luminosidade ao longo das *Crônicas*. No momento em que ele ousara mostrar-se, ou mostrar sua espontaneidade passional à luz clara da manhã, e aos olhos de todos, o senhor de Campireali, cumpre relembrar, repreendera-o publicamente. Era preciso, pois, esperar pelo cair da noite, "para até mesmo se esconder na profunda noite" (p.37), para preservar intactas sua individualidade e sua paixão, afastando-se assim dos constrangimentos e interditos alheios à naturalidade.

O mesmo ocorre em grande parte das outras crônicas: os encontros entre Gennarino e Rosalinde transcorrem durante a noite, no jardim de San Petito; Vanina "vinha todas as noites colar sua face contra os vidros da janela do jovem *carbonaro*" (p.279) – evitando assim o risco de ser surpreendida por seu pai e mesmo por Missirilli, que nesse momento da intriga ainda não conhecia sua presença –; Félize e Rosalinde, transgredindo a norma beneditina

---

3 Convém assinalar que talvez exista uma conotação pejorativa do verbo "deslizar" (*glisser*) que nos remeteria à sinuosidade e à dissimulação.

que impunha o recolhimento "uma hora depois do pôr-do-sol" (p.322), prolongavam suas conversas "algumas vezes até duas ou três horas da manhã" (p.322); ou, ainda, Béatrix Cenci, que planejara e executara a morte de seu pai por volta da meia-noite. Somente a escuridão pode proteger o natural do olhar pervertido, daquele olhar que pretende possuir e aniquilar sua vítima sem que esta possa sequer esboçar um movimento de defesa (cf. Richard, 1954, p.53-4). Em "Suora Scolastica", por exemplo, essa possessão indesejada, invasão opressiva de uma personalidade, delineia-se de forma paradigmática quando Rosalinde e Gennarino são surpreendidos pelo poder institucional, pelo olhar inquisidor da Igreja: "seus olhos foram ofuscados pela viva claridade de oito a dez lâmpadas que eram levadas pelas acompanhantes da abadessa" (p.389[280].[4]

Quando a escuridão é invadida, usurpada, rompida, cegando olhos que tinham por testemunha de sua espontaneidade e energia somente a "luz incerta das estrelas" (p.389), distante, pois, da "viva claridade" das luzes empregadas pela esfera do religioso, instala-se o domínio do medo e do aprisionamento. De fato, a "pobre Scolastica, surpreendida no meio da noite por todas aquelas pessoas, por todas aquelas luzes" (p.390), ficara de tal modo indefesa e desconcertada que se tornou presa fácil da malícia e dissimulação de todo um universo de religiosas que, "hipócritas, recebiam seus amantes pelo jardim" (p.383). No instante em que a agressividade das luzes se desvanece, a tranqüilidade é reencontrada: após se ter "tão fortemente abandonado" (ibidem, p.390), Rosalinde é conduzida a uma prisão "'completamente subterrânea" e é provavelmente graças a essa nova disposição espacial que recupera a calmaria. Ausência de luminosidade, distância do Outro opressor, tudo contribui para que o ser possa se sentir livre e inteiro: "Scolastica foi deixada sozinha em um pequeno quarto cavado na rocha ... Achou-se aliviada de um grande peso ao se ver só e liberta das lâmpadas brilhantes" (p.391[281].[5]

---

4 Convém notarmos a insistência sobre a excessiva luminosidade.
5 A localização da prisão de Scolastica remete quase que naturalmente à imagem do universo intrauterino, símbolo de proteção, longe dos perigos da exterioridade. E remete, igualmente, à metáfora do "calabouço".

A se aceitar essa leitura da excessiva luminosidade como elemento usurpador e aniquilador da energia e do natural, cumpre ainda verificá-la na crônica "Os Cenci". Enquanto o parricídio realiza-se sob a proteção da obscuridade, a execução de Béatrix, decretada pela injustiça romana que se investe, inimiga, de poderes alheios à interioridade, ocorre sob a vigilância solar. Se a ausência de luz caracterizara o momento do crime, Béatrix ruma ao cadafalso escoltada pelo sol. E de um sol nada tímido: assim como acontecera com Scolastica, confrontada à ofuscante e viva luz, a jovem Cenci – e a "multidão inumerável" que fora assistir ao sacrifício – suportara um astro que "ardia tanto naquele dia que muitos perderam os sentidos" (p.218). Aprisionamento e luminosidade, liberdade e escuridão: em Stendhal, "geografia da felicidade" (cf. Richard, 1954, p.58) liga-se ao dia e à noite. Mas somente a noite permite ao herói stendhaliano o livre abandonar-se às sensações e à fruição, e o tornar-se completo:

> uma noite de verão ... a janela de Hélène estava aberta; a moça respirava a brisa do mar que se faz sentir muito bem sobre a colina de Albano, embora esta cidade esteja separada do mar por uma planície de três léguas. (Stendhal, 1964a, p.36[39])

"Esta liberdade ousa plenamente se afirmar no segredo da [noite]" (Richard, 1954, p.57), longe do olhar do inimigo, olhar que se perde por detrás de um coletivo (ibidem, p.53-4), aqui essencialmente representado pela Igreja e pela família. A noite stendhaliana preenche seu espaço com a sonoridade da natureza, com uma folha que cai – "teria sido possível escutar o cair de uma folha" (Stendhal, 1964a, p.36) –, com o mar que se quebra ao longe, com o ruído de um sino distante. A narrativa tão característica das *Crônicas* procura conduzir à leitura de uma união inseparável entre a individualidade pura e o natural. Ambos se referem ao registro da interioridade, da sinceridade e da consciência plena de si, ao passo que o contato com o sol e com as luzes apenas separa, condena e pune os seres de exceção, porque espontâneos e contrários à hipocrisia habitual. "A noite permite à alma temerosa ou tensa abandonar seu pudor ou relaxar sua atitude" (Richard, 1954, p.58). No momento em que os olhos de Rosalinde e Gennarino "foram repentinamente ofuscados" (Stendhal, 1964a, p.389) pelas agressivas luzes, a ordem se inverte: Rosalinde deixou-se de tal forma invadir pelo pudor que "escondia seu rosto com as mãos, tal era a sua vergonha" (ibidem, p.390).

Mas nem tudo são pequenas e delicadas sensações: a noite pode igualmente ser preenchida por "ventos furiosos", por chuvas torrenciais que ocuparão a exterioridade, tranqüilizando assim as obscuras silhuetas que vagueiam sob a tempestade. Em "Suora Scolastica", Gennarino, "ajudado por um único homem, um desertor espanhol, cuja profissão era ajudar jovens amantes em empresas escabrosas" (p.402), conseguira penetrar no *in pace* onde Rosalinde fora aprisionada. "Escoltado pelo espanhol", o casal pôde se evadir do mundo que o separava contando com o valioso apoio das perturbações climáticas: "felizmente a tempestade parecia ter recomeçado; a chuva, que caía torrencialmente, favorecia esta singular retirada" (p.405[289]). Comprova-se, uma vez mais, mediante essa troca entre mundo natural e mundo humano, que os laços que os unem são absolutos e inexoráveis.

O código da luz sobre o qual se fundamenta parte da narrativa não se constrói, contudo, apenas a partir do dualismo obscuridade e luminosidade. A estética stendhaliana adota ainda um elemento que participará da relação claro-escuro: a luz como consentimento, *topos* mesmo de sentimentos amorosos compartilhados. Nesse caso, não se trata jamais de luz excessiva que rompe um momento de introspecção, resultando em uma certa perda de encanto. O que se prenuncia aqui é suave luminosidade, discreta e resguardada, favorecendo a fruição sentimental de um indivíduo que privilegia o silêncio, porque nele se é capaz de ouvir os ritmos do coração.

Após "alguns minutos de hesitação, Hélène pegara o buquê" (p.37) ao qual Jules anexara um bilhete. Se esse gesto da protagonista por si só significa aceitação de um sentimento, o consentimento será completo no momento em que Hélène ler a mensagem "à luz da lâmpada que velava diante da imagem da Madona" (ibidem, p.37) – instante místico e religioso em razão da presença de um ícone da fé cristã. O mesmo gesto se repete em "Suora Scolastica", na figura de Rosalinde: Gennarino, por intermédio do jardineiro de San Petito, fizera chegar às mãos da jovem noviça uma rosa – e o *topos* da flor como manifestação de uma paixão retorna sem cessar ao imaginário das *Crônicas* –, "sob [cujas] folhas, ela encontrara um bilhete" (p.383). E será com o simples ato de acender "sua lâmpada" (ibidem) que Rosalinde confirmará sua paixão.

Há também todo um jogo de sinais construídos sob o acender e apagar de candeeiros. Em "A abadessa de Castro", Hélène serve-se do seu, ora para advertir Jules da presença do perigo – quando descobrira uma emboscada, preparada com arcabuzes por seu pai e irmão, "não houve luz na [sua] janela" (p.4) –, ora para dar mostras de seu sentimento amoroso – a fim de comprovar sua aceitação ao amor que Jules lhe oferecia, ela acendera sua "lâmpada [que] preenchia o quarto de luz ... A ela parecia que não havia outro sinal que dissesse mais" (p.39). A fraca luminosidade pode ainda preencher um instante de reflexão e apreensão, como é o caso em "San Francesco a Ripa": ao receber "um aviso fatal" – seu amante freqüentava sua rival –, a princesa de Campobasso permaneceu "imóvel em uma imensa poltrona de couro dourado" (p.256), no interior de uma "imensa sala" que candeeiros iluminavam, ou melhor, "mostravam as trevas do recinto" (p.256).

À procura de um universo que proteja e salve a verdadeira natureza, aquela que não diz respeito senão à espontaneidade, à energia e à sinceridade, a narrativa serve-se da obscuridade e da frágil e efêmera luminosidade para apresentar suas personagens como verdadeiros simulacros da consciência livre e da pura interioridade. Se Jules Branciforte realiza sua "empresa militar" em meio à escuridão, se Hélène e Rosalinde comunicam seu sentimento através da "luz de uma lâmpada", ou se Béatrix comete um crime para salvar sua honra "após a meia-noite", é porque a penumbra é o estado por excelência de um ser natural e devotado às paixões que conta apenas com seu espírito e alma para iluminar caminhos.

Se aceitarmos a interpretação segundo a qual a penumbra, ou a obscuridade, relaciona-se inextricavelmente a um estado particular de consciência, domínio privilegiado da interiorização, um outro *topos* stendhaliano naturalmente se impõe: a ausência de diálogos ou a sua quase inexistência. Cabe assinalar que há na perspectiva romanesca de Stendhal uma certa recusa da palavra, da coisa dita, que se estruturaria segundo o uso do discurso corrente, por sua vez fundamentado a partir de um código verbo-lingüístico. Ora, essa linguagem é de uso social e para o romancista o social é essencialmente repressivo, pois que impõe a conveniência, afastando e recusando o imprevisto. Esboça-se, portanto, um problema de expressão, de expressividade, em que a linguagem verbal, hierarquizada e estratificada, aparece como obstáculo ao natural. Dessa maneira, aquilo que se delineia ao longo das *Crônicas* é a primazia da expressão sobre a significação: a "linguagem do natural excede, em todos os sentidos, toda possibilidade de ver a riqueza da expressão se perder na estreiteza de uma significação" (Rannaud in *Colloque de Cérisy-la-Salle*, 1984, p.107).

Nesse sentido, a obscuridade reconhecerá no silêncio seu elemento analógico, posto que ambos se relacionam à manifestação de uma voz interior, de um tempo interior das personagens que são apenas livres e completas porque lançam mão de uma "vasta gama de meios de expressão e de comunicação" (Mechthild in *La création romanesque chez Stendhal*, 1985, p.191) distantes do discurso verbo-lingüístico. Em meio a um universo da exterioridade que recusa um espaço à paixão amorosa, ao sentimento natural, à energia espontânea, as personagens tendem a romper com aquilo que se lhes impõe. E essa atitude será característica quando for questão de amor. Seu primeiro efeito e reação é "destruir limites e estabelecer entre dois seres uma comunicação espontânea que não seja nem uma conversação nem um diálogo" (Richard, 1954, p.69), já que o verdadeiro amor stendhaliano se dedica ao silêncio. Não é, pois, estranho que a princesa de Campobasso questione sua relação amorosa com Sénecé e, por conseguinte, o próprio amor que este diz lhe dedicar: "Quanta tolice há neste homem! Como posso amar um ser que me compreende tão pouco? Quer divertir-me com ditos espirituosos, quando se trata de minha vida e da sua!..." (Stendhal, 1964a, p.260[191]).

Tal incomunicabilidade parece ser o resultado de uma diferença determinante no uso da linguagem: Sénecé, jovem cavaleiro francês (acostumado, portanto, à galantaria social e aos jogos hipócritas do mundanismo), muito provavelmente atua como representante de toda uma categoria de indivíduos que apenas se serve do discurso, incapazes de penetrar no universo de outros signos expressivos que não a palavra e, assim, na esfera da expressiva italianidade (estabelecer-se-ia aqui uma distinção civilizatória). Porque a comunicação empregada pelo italiano tende principalmente a empregar a linguagem do corpo: gestos, olhares – "pode-se dizer tudo com um olhar" (Stendhal, 1965, p.91)[6] – poses, tudo é dito sem que haja um único "sentido determinado" (cf. Rannaud in *Colloque...*, 1984, p.107). Quanto à comunicação amorosa, assiste-se a um desabrochar em profusão dos signos, constata-se uma proliferação semiótica, em que esses mesmos signos adquirem uma densidade simbólica e psicológica (ibidem). O *topos* por excelência da expressividade italiana, código amoroso que ultrapassa o interdito, é o olhar, que empreende à narrativa um ritmo discursivo-romanesco característico da estética beylista: suas personagens transformam-se em heróis épicos, impregnados de dramaticidade e mesmo de sentido cênico. Sénecé, por exemplo, notara na princesa de Campobasso "aquele modo de olhar, particular à paixão romana; [nele] encontrava-se profundidade e incerteza; via-se a alma a nu, por assim dizer" (Stendhal, 1964a, p.257).

Se em "San Francesco a Ripa" Stendhal apresenta ao leitor um amor irrealizado e irrealizável em virtude da não-comunicação entre dois indivíduos, "Suora Scolastica" e "A abadessa de Castro" situam-se no pólo oposto. Entre Gennarino e Rosalinde "cada expressão passional (sobretudo o olhar) constitui um ato de comunicação realizado: não apenas se compreende, mas se responde no mesmo registro do signo emitido" (Mechtild in *La création romanesque chez Stendhal*, 1985, p.196):

> Rosalinde compreendia muito bem os olhos de Dom Gennarino, nos momentos em que ele não era observado pela princesa de Bissignano; e não se pode mesmo estar certo se a jovem Rosalinde não correspondia aos olhares de Gennarino. (Stendhal, 1964a, p.376[271])

---

6 E nesse aspecto Stendhal (s. d., p.17) contrapõe o olhar italiano ao civilizado: "o que sobretudo surpreende quando se chega a Paris vindo de Roma é a extrema polidez e os olhos *apagados* de todas as pessoas que se encontra" (o grifo é meu).

O sorriso também atua como signo amoroso, possuindo o mesmo estatuto de compreensão e aceitação mútuas: percebendo que o jovem procurava atrair sua atenção ao responder a um cumprimento, "Rosalinde sorriu de tal maneira que se Gennarino não estivesse ele também perdidamente apaixonado, ele teria compreendido que era amado" (Stendhal, 1964a, p.363). A mesma cumplicidade na expressão comunicativa e amorosa em "A abadessa de Castro": Hélène e Jules "olhavam-se, mas sem poder articular palavra, imóveis como um grupo de mármore bastante expressivo. De joelhos, Jules segurava uma das mãos de Hélène; esta, com a cabeça inclinada, considerava-o com atenção" (ibidem, p.54[50]).

A comunidade de afeição[7] criada por meio de signos expressivos, em uma recusa freqüente da utilização da palavra como modo de expressão, encontrará na flor, além da linguagem do corpo, um outro *topos* representativo da paixão amorosa, que adquire significado pela sua própria aparição e existência, sem necessidade de nenhuma intervenção decodificadora. Após a separação imposta pela família Bissignano, será por intermédio da flor que Gennarino se comunicará com Rosalinde: "como sabia que ela gostava muito de flores, para atrair seus olhares e se fazer observar, vinha sempre munido de um buquê das flores mais raras" (p.378[273]). A topologia é prontamente reconhecida e aceita: "como retratar a perturbação que tomou conta de sua alma ao reconhecer um moço parado sob um portão de cocheira, agitando com certa afetação um buquê de flores magníficas?" (ibidem).

E não seria preciso repetir que há, em "A abadessa de Castro", toda uma troca epistolar realizada pelo intermédio de flores e buquês que passam diante da janela de Hélène sem que uma única palavra seja proferida entre ela e Jules. A fim de acentuar o aspecto repressivo e estratificado do código verbo-lingüístico, a presença nas *Crônicas* de diálogos breves, quase raros, investe a palavra de um estatuto bastante particular: freqüentemente associada a um insulto – "*Ti conosco, porco*! Canalha, te conheço! Em que esgoto encontraste teu *giacco*?" (p.65), gritara Fabio de Campireali a Jules no momento da batalha de Ciampi" –, a uma ordem ou ameaça – em "Suora Scolastica", a abadessa de San Petito tentara retirar de

---

7 Segundo a expressão de Jean Pierre Richard (1954, p.69).

Rosalinde "o nome! o nome do jovem rapaz!" (p.398) –, a palavra pode de ser perigosa, dispõe de um poder destruidor (Vercollier in *Stendhal Club*, 1987, p.285). Tal ocorre de modo exemplar nos diálogos travados entre Hélène de Campireali e sua mãe, Victoire Carafa. Embora existisse inicialmente uma certa afinidade e cumplicidade entre ambas – "aqui estão as suas cartas, não quero lê-las, você viu o que elas quase me custaram! Adeus, abrace-me" (Stendhal, 1964a, p.44) –, Hélène "não confessa seu amor à mãe" (ibidem, p.56): no instante em que palavras traem seus pensamentos, e sua paixão, elas engendram sangue, morte ou infelicidade, comprometendo o Outro em virtude de uma "confissão completa". De fato, Jules é ferido na tentativa de ataque ao Convento da Visitação, porque Hélène confessara sua presença a Victoire Carafa: "fui eu que fiz verter esse sangue generoso, ele correu porque tive a fraqueza" (p.107) de dizer uma palavra à minha mãe.

Embora exista um diálogo entre elas quando a relação é harmoniosa – e ele nunca deixará de existir, por exemplo, entre o senhor de Campireali e o filho Fabio, posto que ambos possuem a mesma concepção acerca da honra e as mesmas atitudes diante da vida –, as réplicas de Hélène se fazem sempre de modo indireto (cf. Vercollier in *Stendhal Club*, 1987, p.286). Mas assim que a senhora de Campireali rompe o contrato estabelecido com sua filha – "nunca uma única palavra sobre este assunto [a paixão amorosa entre Jules e Hélène], que igualmente interessava a ambas, fora pronunciadas" (Stendhal, 1964a, p.56) –, o diálogo não se faz mais presente: "não houve mais uma única palavra trocada entre a senhora de Campireali e sua filha" (ibidem, p.108).

Desse modo, seria possível concluir que a compreensão entre indivíduos não pode ocorrer senão quando se compartilha de um mesmo interesse e de uma mesma noção de moralidade. E a Jules e Hélène resta apenas a separação: "A abadessa de Castro" parece erguer-se definitivamente como *topos* de uma energia sublime e passional que não pôde ser plenamente desfrutada e desenvolvida pelo fato de se postar em oposição a um mundo já inteiramente coeso e homogêneo em seus diálogos, linguagens e luzes resplandescentes.

8 MUNDO NATURAL COMO SIMULACRO DE UMA INDIVIDUALIDADE

"Deus empresta-nos um instante os prados e as fontes/ Os grandes bosques que causam tremores, as rochas profundas e surdas/, e os céus azulados e os lagos e as planícies,/ Para ali colocar nossos corações, nossos sonhos, nossos amores."

(Victor Hugo, *Tristesse d'Olympio*)

Honoré de Balzac (1989) escrevera a propósito de Stendhal:

> *A cartuxa de Parma* é, a meus olhos, em nossa época e até nossos dias, a obra-prima da literatura de idéias ... O senhor Beyle fez um livro onde o sublime aparece de capítulo em capítulo. Ele produziu, em uma idade em que os homens raramente *encontram* assuntos grandiosos e após ter escrito cerca de vinte volumes extremamente espirituais, uma obra que não pode ser apreciada senão pelas almas e pelas pessoas verdadeiramente superiores. (p.23-4)

De fato, ao concluir sua *Cartuxa* dedicando-a aos "*happy few*",[1] àquelas pessoas "realmente superiores", "cerca de vinte",

---

1 Quiçá emprestada do célebre verso shakespeariano – "*we few, we happy few, we band of brothers...*" de *Henrique V*, tal dedicatória, signo poético de almas sensíveis, igualmente figura no final das *Promenades dans Rome* e de *Le rouge et le noir*. De fato, Stendhal parece ter escrito sua *Cartuxa* para aquelas "vinte pessoas", pois acreditava que esse seu romance apresentava um sério "incon-

que o compreenderiam, Stendhal parece uma vez mais empenhado na construção de um registro romanesco em que as personagens buscam sem cessar uma sociedade favorável à livre expressão da energia e do natural. "Som de uma grande alma", como assinalara Stendhal em *Histoire de la peinture en Italie*, o "sublime" a que se referia Balzac é a um só tempo valor ético e estético. Ético, porque expressa "assuntos grandiosos", coordenadas heróicas mal conhecidas do homem francês; ético, ainda, por exprimir "idéias" e disposições particulares de um literato. Estético, porque se inscreve como gênero do discurso, como tipo de escritura; uma retórica, enfim. Nesse sentido, o "sublime" que tanto pareceu impressionar Balzac e que, aliado ao natural e ao espontâneo, apresentava-se a Stendhal como única categoria pensável da literatura (cf. Crouzet, 1983b, p.129) não é senão a coincidência entre homem e expressão literária, entre identidade do ser e identidade do dizer.[2] Dito de outro modo, o sublime significaria indiferentemente motivos temáticos e discursividade. Se as *Crônicas italianas* servem como laboratório de temas e de expressão, experiência ética e estética da concepção stendhaliana de italianidade, também é certo que atuam como um longo e rico prefácio à *Cartuxa*. De fato, é possível relevar uma tessitura comum entre Fabrice del Dongo e outros tipos masculinos como Jules Branciforte, Gennarino de las Flores e mesmo Pietro Missirilli,

---

veniente para o leitor": "os personagens, sendo italianos, interessarão talvez menos; os corações daquele país diferem bastante dos corações franceses: os italianos são sinceros, boas pessoas, e, não atemorizados, dizem aquilo que pensam; só de vez em quando têm vaidade; então ela se torna paixão, e toma o nome de *puntiglio* [ponto de honra]" (Stendhal, *La chartreuse de Parme*, 1949, p.2, [I, 27]).

2   Tal aproximação leva Michel Crouzet (1983b) a afirmar que o modo discursivo stendhaliano contribui para uma inovação estética, para o surgimento de uma poética original: "A junção de duas vias, o verdadeiro e o patético, o verdadeiro e o ideal, ou a realidade reorganizada segundo as exigências do prazer e da emoção, essa nova dimensão que poderíamos chamar a retórica do beylista, que admite o documento e o prazer, que indica e evoca, que informa e comove, que é a um tempo prosa e poesia, somente poderia nos aparecer quando tivéssemos descido das alturas do sublime e saído da subjetividade absoluta; e então ... que será possível esboçar a nova prosa do século XIX, ou melhor, a reconciliação dos sistemas de signos e dos valores contrários da lógica e do sentir" (Crouzet, 1983b).

com seu ardor patriótico e militar: todos valem pela paixão e pela coragem com que afrontam todo e qualquer obstáculo.[3] E por que ainda não observar uma certa aproximação entre o equilíbrio manifesto pelas figuras do conde Buondelmonte e Mosca della Rovere, entre a vontade obstinada de Victoire Carafa e da duquesa de Sanseverina; e, enfim, entre a pureza da jovem Hélène de Campireali e de Clélia Conti?[4]

É em razão desse paralelismo que é possível ler a *Cartuxa* como um universo mergulhado no passado e no presente, passado notadamente do Renascimento e presente do Risorgimento. Essa abolição da temporalidade efetiva[5] confere ao indivíduo, ao italiano e, mais particularmente, a Fabrice um sentimento de independência perante o social e de reencontro inesgotável de sua interioridade, suas sensações e, mesmo, perturbações.

Não será, pois, por acaso, se a *Cartuxa* apresentar de forma mais desenvolvida e eloqüente um *topos* já delineado ao longo das *Crônicas*: a natureza como amiga e testemunha, protetora; o espaço natural ressentido como o análogo de um Eu puro e integral que

---

3 Lembremos que a alma de Jules Branciforte era plena de paixão, que Missirilli "amou como se ama pela primeira vez aos dezenove anos e na Itália" e que ele "teve todos os escrúpulos do amor-paixão, ao ponto de confessar a essa jovem princesa tão orgulhosa a tática de que se tinha utilizado para fazer-se amar". Gennarino, em carta a Rosalinde, escrevera: "meu coração se punge com a possibilidade de passar quinze dias sem avistar-vos e eu tenho amor" (Stendhal, 1964a, p.280 [276] e 384 [207], respectivamente).

4 Tal aproximação se evidencia se se observarem novamente os traços de temperamento dessas três figuras das *Crônicas*: Buondelmonte "caracterizara-se pela extrema indiferença e frieza de seu caráter", o que lhe conferia "a paz de espírito"; Victoire Carafa, embora desempenhe uma função determinante no destino trágico de Hélène de Campireali, de tudo fizera para defender aquilo que julgava o mais adequado para sua filha, até mesmo encomendar o assassinato de Jules Branciforte: "a *signora* de Campireali escrevia a Pescara e a Chieti, aos seus rendeiros, ordenando-lhes que enviassem a Castro homens seguros e capazes de um ataque certeiro. Não lhes ocultava que se tratava de vingar a morte de seu filho Fabio, seu jovem senhor". Hélène, enfim, terna e cujo "jovem coração abrasado por um amor ardente" era puro (Stendhal, 1964a, p.311/313 [229], 92 [74] e 58 [53], respectivamente).

5 A temporalidade não causa senão o "vazio, a negação de si, fuga permanente fora de si, ruptura da unidade natural [que] lança o homem em um movimento em direção a uma outra existência que não é a sua" (Crouzet, 1985, p.49).

desejaria, e que tenta, percorrer um mundo sem leis e livre de qualquer opressão. Na *Cartuxa*, as personagens jamais rompem com a reserva fecunda de suas origens, com as águas e as árvores que, por terem um dia encantado sua infância, não deixam de indicar o local e o caminho da felicidade (Crouzet, 1985). De fato, é no mundo que não é o duro mundo social (ibidem), mundo das coisas, coisas que oferecem uma melhor acolhida que os homens, que o coração das personagens stendhalianas podem dar livre curso à sua imaginação, às suas quimeras e às suas paixões. Afastados do social, de seus laços e obrigações, Fabrice del Dongo e a duquesa de Sanseverina reencontram junto aos lagos Como e Maggiore, às montanhas e aos arbustos, as coordenadas primeiras e genuínas do Homem, para sempre fiéis à liberdade e à *voluptas*. Tributária muito provavelmente da moral sensitiva de um Rousseau, segundo a qual viver é ser sensível, estado primeiro e ideal do homem; herdeira do valor existencial dos sentimentos que permeara grande parte da produção filosófica do setecentos,[6] a natureza na *Cartuxa* é tranqüilidade de alma e espírito: "a algumas léguas de Como, em uma pequena trilha recentemente aberta na margem extrema do lago" (Stendhal, 1949, p.146),

> as águas e o céu eram de uma profunda tranqüilidade; a alma de Fabrice não pôde resistir àquela sublime beleza; parou, depois sentou-se num rochedo que avançava para o lago formando uma espécie de pequeno promontório ... Sentado no rochedo solitário não precisando mais precaver-se contra os agentes da polícia, protegido pela noite e pelo vasto silêncio, doces lágrimas lhe molharam os olhos; sentiu então, sem nenhum custo, os momentos mais felizes que experimentara há muito tempo. (p.146-7[I, 195])

Será também junto a "este lago sublime" que Sanseverina esperará usufruir "de uma vida feliz e calma" (ibidem, p.23). Tais fruições[7] são somente possíveis porque se está longe daquela tempo-

---

6 "Não sentir é cair em um aniquilamento que abate a alma. Para tudo se tem remédio, ao variar suas modificações; ela sente, e não se fatiga" (Montesquieu, 1889, p.848).

7 Ainda segundo Michel Crouzet (1985, p.51), Stendhal "reserva à natureza, à monotonia das coisas, a tarefa de representar o puro fluir do tempo, aquele do

ralidade que a cada instante cobra do homem um posicionamento no espaço comum da existência humana, negando assim ao indivíduo sonhos, inocências e, acima de tudo, espontaneidade. Em um convite à consciência de si, à energia natural e passional, a natureza feita atemporal, eternizada, é capaz de preencher o vazio deixado pelas instituições e pelos constrangimentos sociais,[8] em uma espécie de condão mítico que, terapêutico, a todos acalma. Tal ocorrera com Clélia, que para se libertar dos

> cumprimentos lisonjeiros que continuavam a rodeá-la [e que] lhe pareceram mais desagradáveis do que de costume ... aproximou-se duma janela aberta ... que dava para um pequeno laranjal no chão contíguo ... Clélia respirava com alívio o delicioso perfume daquelas flores, e tal prazer parecia restituir um pouco de sossego à sua alma ... (p.258[II, 35])

Se para Clélia é a visão das laranjeiras que confere tranqüilidade, Fabrice pode usufruir de um momento de repouso espiritual ao avistar montanhas e lagos:

> o ar das montanhas, o aspecto majestoso e tranqüilo desse lago sublime que lhe lembrava aquele outro junto do qual passara a infância, tudo contribuiu para transformar em doce melancolia[9] o desgosto de Fabrice, muito próximo da cólera". (p.145[I, 143])

---

ser e não da historicidade social, e de sussurar como o lago de Como um *carpe diem* que nos vem da sabedoria do mundo, cuja presença nos convida a estarmos presentes a nós mesmos, isto é, *hic et nunc*, vivendo ao sabor do tempo que passa. O que atrai Stendhal é o que a natureza tem de mais fugidio: o vento, as folhas, a água que, sob um fundo de imóvel solidez, figuram nossa fuga e nos convidam a permanecer em nós e segundo nós".

8 Esses constrangimentos não significam senão aquelas "conveniências de todos os instantes que a civilização do século XIX nos impõe. [Elas] acorrentam, cansam a vida e tornam o devaneio bastante raro. Quando sonhamos com alguma coisa, na França, sonhamos com alguma desgraça de amor próprio" (Stendhal, s. d., p.279).

9 E essa melancolia matiza-se sobretudo em Fabrice e em Clélia de um valor moral e heróico, que permite à individualidade conhecer os movimentos mais íntimos de sua alma. Afastada do social, quase que reclusa no palácio de seu pai, contíguo à Torre Farnèse, Clélia se compraz, em "doce melancolia", com seus pássaros e suas laranjeiras.

É também ao contato desse mesmo ambiente natural, em Grianta e seus arredores, que a duquesa de Sanseverina reencontra as "lembranças de sua primeira juventude e as compara a suas sensações atuais" (p.23). A natureza parece, pois, apresentar-se como espaço de pausa social, fonte de delícias porque permite vencer e abolir o tempo e, longe da historicidade social, em uma coincidência de pureza, paixões, amor e virtude, atingir uma unidade durável: "tudo é nobre e terno, tudo fala de amor, nada lembra as feiúras da civivilização" (ibidem).

É precisamente esse afastamento do mundo dito civilizado que transforma o domínio da natureza em reino por excelência da espontaneidade primeira e do livre curso das sensações. A natureza stendhaliana desempenharia, nesse sentido, a função de apelo contra a sociedade. Do mesmo modo que os italianos de Stendhal são genuínos em suas manifestações espirituais porque percorrem um mundo ainda não corrompido pelos excessos civilizatórios,[10] a *natura* italiana guarda ainda sua face primitiva,[11] voluptuosa, fecunda, sensitiva mesmo, ao passo que o Norte, *civitas*, destaca-se pela natureza estéril e pobre. Sanseverina assim descrevia aquela natureza ao redor do lago de Como que

> não é rodeado, como o lago de Genebra, de grandes pedaços de terra bem cercados e cultivados segundo os melhores métodos, coisas que lembram o dinheiro e a especulação. Aqui, por todos os lados vejo colinas de alturas desiguais e cobertas de ramilhetes de árvores plantadas pelo acaso e que a mão do homem ainda não estragou nem forçou *a dar renda*. (p.23[I, 56-7])

---

10 Também em Stendhal se reconheceria uma certa singularidade resultante de seu modo particular de apreciar o mundo: "Dou graças aos céus por não ser sábio; conjuntos de rochedos deram-me esta manhã uma emoção bastante viva (uma espécie de *belo*), ao passo que meu companheiro, sábio geólogo, vê nesse aspecto que me toca apenas argumentos que dão razão a seu compatriota, o senhor Scipião Breislak, contra sábios ingleses e franceses ... Se eu tivesse um mínimo de conhecimento de meteorologia não teria tanto prazer, certos dias, a ver correrem as nuvens, e a gozar com os palácios magníficos ou com os monstros imensos que elas figuram em minha imaginação" (Stendhal, 1964b. Citado por Bosselaers, 1975, p.101).

11 "No termo *natura* há *natus*, isto é, o sentimento de uma fidelidade sem falhas à origem", lembra Michel Crouzet em seu texto *Nature et société chez Stendhal* (1985, p.50).

A natureza é, pois, "antítese da produção em que se insere o princípio social. Somente o filisteu vê feixes de lenha nas árvores e colheitas na paisagem" (Crouzet, 1985, p.49).

Não só a paisagem, contudo, é metáfora dos temperamentos. Também uma agitação natural como a tempestade pode atuar como correlato de um estado de espírito invadido pela fúria amorosa. Ao receber uma carta enviada anonimamente pelo príncipe de Parma Ranuce-Ernest IV, que aludia mordazmente ao "amor singular" que Fabrice inspirara à duquesa de Sanseverina, o conde Mosca della Rovere entrega-se a seu furor, deixa-se devorar pelos ciúmes, embora procure "impor silêncio a seu coração" (Stendhal, 1949, p.133). O instante de arrebatamento que domina uma individualidade hesitante entre a prudência e a loucura passional – "será preciso deixar entrever o ciúme que me devora ou nada dizer a respeito" (ibidem, p.134) –, momento de profunda agitação e "extrema dor" que subjuga Della Rovere com "angústias que teriam inspirado piedade a seu mais cruel inimigo" (ibidem), corresponde aos tempos de uma natureza revolta e opressiva. A paisagem como que se anima à imagem dos seres movidos pela paixão. Uma verdadeira simbiose parece aqui se esboçar, mundo natural e mundo humano influenciam-se mutuamente. Nesse sentido, se Della Rovere dedica-se "a toda sua fúria" é porque, "para sua infelicidade", "o tempo estava quente, abafado, anunciando uma tempestade; dessa espécie de tempo que, em uma palavra, leva a resoluções extremas" (p.135).

Esse elemento metafórico, que institui uma particular simbiose entre as coisas e as almas verdadeiramente naturais – somente a elas a natureza se revela –, explica-se pela conformação stendhaliana do homem e da natureza italianos: eternamente fiéis às leis que regulam o sensitivo e o passional, em detrimento de toda e qualquer postura passiva e tediosa, eles são, na *Cartuxa*, presas de acontecimentos incessantes e jamais fundados sobre a lógica e a igualdade monocórdica; prisioneiros, pois, do imprevisto e *pour cause* dos perigos. Paradoxal condição de fuga ao tédio e à monotonia que aniquila alma e corpo. Flerte com o sublime, que mostra ao homem o que ele pode inventar, conter e ser quando afrontado com o absoluto, com o "castelo feudal" que enclausura sentimentos e vontades:

> Caiu uma tempestade, tendo eles corrido perigo ... Sobreveio uma segunda tempestade: são terríveis e imprevistas naquele belo lago: rajadas de ventania saem de súbito de duas gargantas de montanhas colocadas em direções opostas e lutam na superfície das águas. [Sanseverina] quis desembarcar no meio do furacão e dos trovões; julgava que, colocada em cima dum rochedo, isolado no meio do lago e do tamanho dum aposento pequeno, teria um espetáculo singular, vendo-se assediada de todos os lados por vagas furiosas; mas caiu na água ao saltar da barca. Fabrice jogou-se atrás dela, para salvá-la, e ambos foram arrastados bastante longe. Por certo não é belo afogar-se, porém o tédio, com grande espanto, foi banido do castelo feudal". (p.25[I, 58])

Para além do lançar-se às águas agitadas do lago de Como, em um ato de purgação daquele tédio que dominava o "castelo feudal", a atitude de Fabrice, passional e repleta de desejo romanesco,[12] assemelha-se à imagem do recém-nascido sobre a pia batismal. Iniciado por Sanseverina nos sortilégios da paisagem, no afeto e no respeito à natureza, Fabrice vê as portas do mundo abrirem-se diante de si – "apressa-te a fruir" –; ele afasta-se assim de uma existência que até então não empregara seus talentos senão a "fazer exercício e a montar a cavalo" (p.14):

> Para além das colinas, cujos cumes oferecem ermidas onde todos nós quereríamos habitar, os olhos deslumbrados distinguem os picos dos Alpes, sempre cobertos de neve, e sua austeridade severa lhes recorda, das desgraças da vida, quanto basta para aumentar a volúpia presente. A imaginação é tocada pelo som longínquo do sino dalguma aldeola escondida sob as árvores: esses sons, trazidos por sobre as águas que os atenuam, tomam gamas de suave melancolia e resignação, e parecem dizer ao homem: A vida foge, não te mostres, portanto, tão difícil para com a ventura que se apresenta, apressa-te em gozá-la. (p.23-4[I, 57])

A natureza parece, nesse sentido, ter definitivamente ofertado a vida a Fabrice ou se conjugado a ela. É por meio desse universo

---

12 Tal desejo de romanesco faz-se presente não apenas em Fabrice del Dongo, mas igualmente em grande parte das personagens de *Crônicas*: todo aquele anseio de energia, liberdade e paixão os transporta a um mundo distante daquele real, mais lírico, mais poético. Não por acaso Jules Branciforte compara-se aos "heróis de Ariosto". Hélène de Campireali, por sua vez, tem sua memória ornada com os mais "belos versos do divino Virgílio e de seus famosos discípulos Petrarca, Ariosto e Dante Alighieri" (Stendhal, 1949, p.80 [67] e 33 [38]).

vivido às margens de um lago que o "jovem *marchesino* Fabrice" poderá sair da letargia e da inoperância espiritual; e será ainda pelo ato de observar um castanheiro que ele escolherá, com determinação, seus próximos e ingênuos caminhos e atitudes.[13]

É pela presença do castanheiro que se estabelece um *topos* bastaste particular ao universo da *Cartuxa*. As "amizades vegetais" – naquilo que elas oferecem de experiência singular e única – representam um importante capítulo do beylismo (Crouzet, 1985, p.47), sobretudo em virtude do valor semântico adquirido pela árvore. Uma perfeita continuidade entre mundo dos homens e mundo das coisas é garantida pela união entre Fabrice e "este jovem castanheiro que [sua] mãe plantara às bordas da grande fonte da floresta a duas léguas dali" (Stendhal, 1949, p.28). Essa árvore, coluna secular que parece anunciar a permanência majestosa das energias (Crouzet, 1985, p.47), atua como verdadeiro simulacro de uma individualidade; ela é, ao lado da montanha e do lago, imagem da vida natural, ao mesmo tempo que exerce uma função de singular companheirismo.[14] Ela impulsiona Fabrice à ação porque, como ele, adquire formas, cresce, abre-se para a vida. Se o batismo nas águas turbulentas do lago de Como retira o *marchesino* do "estado de torpor" em que vivia no "triste castelo" de Grianta, é ao amigo e *alter ego* castanheiro que está reservado o impulso final às ações enérgicas e heróicas, afastando Fabrice em definitivo de seu estado de abulia:

> antes de fazer qualquer coisa, quis ir visitá-lo. Ponderei: a primavera ainda não está muito avançada. Ora muito bem! Se a minha árvore tiver folhas, isso será um sinal para mim: também devo sair do estado de torpor em que enlangueço neste frio e triste castelo! ... Acreditarás, Gina? Ontem às sete horas e meia cheguei junto do meu castanheiro; ele tinha folhas, tão lindas folhinhas já um tanto graúdas! Beijei-as sem fazer-lhes mal. Cavei a terra respeitosamente em redor da árvore

---

13 Essa ingenuidade de Fabrice será a característica mais apreciada pelo abade Blanès, responsável pela educação do *marchesino*: "gostava dessa criança, por sua candura. Dizia-lhe: Se não te tornares hipócrita, talvez venhas a ser um homem" (Stendhal, 1949, p.17 [I, 49]).
14 Por que não ver aqui um Stendhal leitor de Rousseau? Para este último, a natureza, e mesmo a existência, é símbolo de uma conversão, de uma introspecção do ser, uma revelação, enfim.

querida. E logo a seguir, tomado dum transporte novo, transpus a montanha. (Stendhal, 1949, p.28[I, 63])[15]

Fabrice partia, nesse sentido, à vida ativa, o que significava para ele "atravessar montanhas", ir ao encontro dos exércitos do imperador Napoleão, "este homem marcado pelo destino" (ibidem, p.28), para oferecer-lhe o "socorro de meu fraco braço" (p.27). Para morrer ou vencer a seu lado. O castanheiro também se fará presente no instante de retorno à casa, após anos de aventuras iniciáticas e de experiências renovadas. Do mesmo modo que Fabrice se fortificara física e moralmente com o transcorrer do tempo, "a árvore era de belo porte, estava mais vigorosa do que nunca e, em cinco anos, dobrara quase de tamanho! O galho quebrado não chegara a constituir acidente de importância; uma vez cortado, a árvore não se ressentiria, devendo até desenvolver-se, esgalhando-se mais alto" (p.161[I, 211]).

Se, para Fabrice, a árvore ou as amizades vegetais se apresentam alternadamente como presságio e inspiração, não apenas o castanheiro se revestirá de um valor raro e complexo. Também a laranjeira, presente em toda a existência do *marchesino*, de sua infância a seu frágil e curto triunfo amoroso, passando pelo período de sua prisão na Torre Farnèse, é sinônimo do ser e de interioridade, do homem em busca de sua própria natureza. Ela diz inicialmente respeito às lembranças infantis de um Fabrice que procurara refúgio no campanário do velho abade Blanès, "personagem de honestidade e virtudes primitivas e, além disso, homem de espírito" (p.16), "seu verdadeiro pai" (p.151). De volta a Grianta, de sua aventura pelos campos de batalha de Waterloo, Fabrice reencontra Blanès, que lia seu planisfério: "este mapa do céu estava aberto sobre um grande vaso de terracota que pertencera outrora a uma laranjeira

---

15 Para Fabrice, permanecer no "triste e velho castelo" resultaria na perda de sua energia vital, de seus anseios de renovação e liberdade. Não será, pois, casual a utilização da imagem do inverno, que a um só tempo desfolha o amigo castanheiro e ofusca sua existência: as paredes do castelo, "estes velhos paredões enegrecidos, símbolos agora de despotismo, mas antigamente seus meios, são uma verdadeira imagem do tristonho inverno? Não são para mim o que o inverno é para a minha árvore?" (Stendhal, 1949, p.28, [I, 63]).

do castelo" (ibidem). Se nesse momento a referência à laranjeira é ainda indireta, difusa, tal não ocorrerá durante a estada de Fabrice na Torre Farnèse, feito prisioneiro em razão de suas passagens matizadas de ardor juvenil pelo exército napoleônico.[16] Graças a Clélia Conti, belas laranjeiras foram plantadas à porta da torre e sob a janela do cativo: "naquela manhã ela fez comprar belas laranjeiras que foram plantadas, à sua ordem, na porta da torre, sob sua janela; sem a cornicha, você poderá vê-las" (p.298). Árvore virginal, metáfora talvez de pureza, virtude e ingenuidade das personagens, a laranjeira está para sempre vinculada à existência dessas duas figuras que somente fruirão de um instante de paixão, insuficiente para dar conta de um amor natural e proibido por obstáculos. E não será surpreendente se, após desencontros e infortúnios, Clélia, já casada por imposição do pai com o marquês Crescenzi, confessar seu amor virtuoso, adúltero mas não condenável, no interior da *orangerie* do palácio de seu marido:

> Entre aqui, amigo do meu coração. Fabrice entrou com muita precaução e de fato se achou na estufa das laranjeiras, porém defronte duma janela fortemente gradeada, distante do chão três ou quatro pés. A obscuridade era profunda. (p.474[II, 253])[17]

A laranjeira liga-se, em suma, não apenas ao vaso que suscita doces recordações e que parece metaforizar o próprio Fabrice, pronto para suas verdadeiras raízes (cf. Bellemin-Noël in *Littérature*, 1972, p.29) e liberto daquelas relativas ao universo tirânico e triste de seu pai biológico. Ela representa, antes, o amor nascente e virtuoso

---

16 Essa prisão igualmente ocorrera em razão das posições políticas de Fabrice. Ele acreditava que a Itália vivia sob um despotismo cruel, representado pelo poder dos austríacos. Napoleão era nada mais que o salvador de uma Itália que estendia "os braços contundidos, e ainda meio acorrentados, para o seu rei e libertador. E eu, prossegui, filho ainda desconhecido dessa mãe desventurada, vou partir, irei morrer ou vencer com esse homem marcado pelo destino e que quis lavar-nos do desdém que nos lançam até mesmo os mais escravos e mais vis entre os habitantes da Europa" (Stendhal, 1949, p.28, [I, 62]). Este Fabrice não se assemelharia a Missirilli, o heróico e patriótico *carbonaro* de "Vanina Vanini"?

17 Notemos que Clélia permanece fiel ao voto feito a Madona: nunca mais ver Fabrice...

de Fabrice e Clélia, participa mesmo, e de forma efetiva, da comunicação, da troca de bilhetes e de alimento:

> O nosso prisioneiro apressou-se em formar com pedaços de sua roupa branca uma espécie de fita; e à noite, um pouco antes das nove horas, ouviu muito bem as pequenas pancadas em cima das caixas onde estavam plantadas as laranjeiras, debaixo da sua janela; deixou deslizar a fita que lhe trouxe depois uma corda fina mas longa, com a ajuda da qual retirou primeiro uma provisão de chocolate, e em seguida, para inexprimível satisfação sua, um rolo de papel e um lápis. (Stendhal, 1949, p.316[II, 95])[18]

E o paroxismo da significação assumida pela laranjeira dá-se precisamente nessa síntese resolutória encontrada por Stendhal junto ao espaço da *orangerie*: embora plantadas como na natureza, as laranjeiras estão nesse momento protegidas das perturbações climáticas; atuam no interior de um ninho, distanciando-se assim das agressões do mundo externo, incapaz de compreender e aceitar os movimentos passionais de seres singulares. A *orangerie* abriga não somente raízes, mas igualmente amores em pleno desabrochar. E permite que os amores de Fabrice e Clélia conheçam, enfim, um instante de entrega amorosa total.

Se a laranjeira diz sobretudo respeito às lembranças e ao amor, o mesmo parece se dar com a paisagem natural que se revela a Fabrice pela sua janela da Torre Farnèse. Prisioneiro, impossibilitado de percorrer e tocar com suas próprias mãos o espaço normalmente caracterizado como "sublime", mesmo assim ele se deixa invadir por um estado de espírito que está longe de adquirir matizes tristes e rebeldes. A prisão na Torre Farnèse assume, ao contrário, o aspecto de uma melodia na qual os temas, harmônicos, retornam sem cessar à interioridade, mergulhando profundamente o *marchesino* na emoção lírica e poética. Nesse sentido, a paisagem italiana mostra-se

---

18 A comunicação que se estabelece entre as duas personagens igualmente encontrará um particular aliado nas flores, que atuarão como signo da linguagem amorosa: o palácio Crescenzi "tinha um imenso jardim. Fabrice soube penetrar aí e colocou na alameda de que Clélia gostava mais o maior número de flores arranjadas em ramalhetes e dispostas em tal ordem que lhes dava uma linguagem, como outrora ela por sua vez lhe fazia chegar todas as noites nos últimos tempos de sua prisão na Torre Farnèse" (Stendhal, 1949, p.456 [II, 234]).

consoladora, repleta de imagens magnânimes que afastam o ser dos elementos mesquinhos da vida cotidiana:

> Fabrice ponderou: Será possível que isto seja uma prisão? Olhava para aquele imenso horizonte desde Treviso até ao monte Viso, contemplando a cadeia tão extensa dos Alpes, os picos cobertos de neve, as estrelas etc. e aquela primeira noite na prisão, ainda! Compreendo que Clélia Conti[19] goste desta solidão aqui nestas alturas; está-se mil léguas acima das mesquinharias e das torpezas que borbulham lá embaixo. (ibidem, p.295[II, 75])[20]

À natureza, mito consolador, não restava senão uma coroa lunar, simbologia que, em definitivo, confere à alma de Fabrice impressões de um mundo novo e puro, de sensações quase supramundanas:

> Havia lua nessa ocasião e, no momento em que Fabrice iniciava seu estado de prisioneiro, ela se erguia majestosamente no horizonte, à direita, por cima da cadeia dos Alpes, na direção de Treviso. Não passava ainda de oito e meia da noite, e na outra extremidade do horizonte, no poente, um brilhante crepúsculo alaranjado desenhava perfeitamente os contornos do monte Viso e outros picos dos Alpes que se vão ramificando de Nice rumo ao monte Ceneri e Turim. Sem pensar absolutamente em seu infortúnio, Fabrice se sentiu comovido e deslumbrado por aquele espetáculo sublime. (p.293[II, 72])

Em um instante de verdadeira comunhão com as imagens naturais, sentindo de forma subjetiva e afetiva a beleza da paisagem que se revela a seus olhos, "em vez de reconhecer a cada passo desgostos e motivos de amargor, nosso herói deixa-se seduzir pelos encantos da prisão".[21] A natureza parece então, uma vez mais, convi-

---

19 Clélia, filha do "carcereiro geral da Torre Farnèse", Fabio Conti, ocupava o palácio vizinho à prisão.
20 Como se assinalou na Introdução, há em Stendhal uma especial preocupação com os "altos lugares", com a "solidão aérea" a que se refere o próprio Fabrice. Esse elogio stendhaliano das alturas como horizonte solicitado pelo olhar para se perder nos devaneios apresenta-se como uma maneira de fuga às "mesquinharias e maldades" do social, confirmando, por conseguinte, a oposição entre natureza e sociedade.
21 Fabrice encontra ainda consolo junto aos pássaros que, com seus sons, completam a paisagem: "[pássaros] principiavam a soltar pequenos gritos e a cantar;

dar à entrega de si, a um mundo ainda não desvirtuado e pleno que guarda em seu interior toda energia e espontaneidade ausentes do universo terrestre. O mundo natural que freqüentemente se avulta aos olhos das personagens da *Cartuxa*, em especial aos de Fabrice, não se reveste, contudo, unicamente de abstrações, simbologias ou figurações.[22] A natureza participará de modo ativo e direto da intriga, transformando-se em evidência sensível. Ela será, acima de tudo, refúgio, proteção para a individualidade assediada pelo social e pela opressão. Perseguido pela polícia austro-italiana, Fabrice procura abrigo junto ao mundo natural, "dentro de um grande castanheiro oco" (Stendhal, 1949, p.164) que lhe assegura como que uma clandestinidade; em outro momento da narrativa, ele permanece todo um dia escondido em "um campo de cânhamo" (ibidem, p.191). Será ainda graças à neblina que invade o instante de sua fuga que Fabrice poderá sair da Torre Farnèse sem ser notado pelos guardas:

> Cerca de meia-noite, um desses nevoeiros espessos e brancos que o Rio Pó lança às vezes sobre suas margens se estendeu primeiramente sobre a cidade e em seguida atingiu a esplanada e os bastiões em cujo centro se ergue o torreão da cidadela. Fabrice teve a impressão de que, do parapeito da plataforma, não se percebiam mais as pequenas acácias que rodeavam os jardins feitos pelos soldados ao pé do paredão de cento e oitenta pés de altura. Excelente coisa! disse a si mesmo. (ibidem, p.364,[II, 143])

Assumindo, pois, várias nuanças, unindo-se de modo inseparável a um estado de espírito que diz sobretudo respeito a um instante de tranqüilidade em que o Eu pode livremente fruir de

---

naquelas alturas esse era o único ruído que flutuava no ar. Causou uma sensação cheia de novidade e prazer em Fabrice o vasto silêncio que reinava naquelas paragens; escutava embevecido os gorjeios delicados e tão vivos com que os pássaros seus vizinhos a todo instante saudavam o dia" (Stendhal, 1949, p.295-6 [II,75]).

22 Jean Bellemin-Noël (in *Littérature*, 1972, p.32-3) propõe até mesmo a fórmula *ut pictura poesis* para o discurso da *Cartuxa*, posto que, sobretudo no tocante à laranjeira, a natureza torna-se objeto, ou palavra poética, que determina o romance. Sem a existência desses objetos, castanheiro, laranjeira, lagos e montanhas, a figurabilidade estaria ausente e, conseqüentemente, a narrativa.

suas sensações; confundindo-se com o mundo dos homens em uma verdadeira simbiose; possibilitando a Fabrice encontrar seu outro eu, seu análogo no mundo natural, seu *totem* (cf. Hirsch in *Littérature*, 1976, p.26-7); atuando, ainda, como símbolo na linguagem amorosa que se estabelece entre o *marchesino* e Clélia; e tornando-se, enfim, a mais alta proteção e o refúgio mais seguro com que uma individualidade enérgica pode contar, a natureza stendhaliana parece confundir-se com a própria criação literária, ou ser sua mais rica fonte inspiradora. Ao se servir de uma epígrafe de um verso de Ariosto,[23] verso que revela a escrita poética motivada por lugares aprazíveis, Stendhal e suas personagens nada mais fazem que seguir o poeta quinhentista italiano na busca incessante de um espaço natural que possa se transformar a um tempo em simulacro individual, em espiritualidade e mesmo na própria criação.

---

23 "Outrora, locais encantadores inspiraram-me versos" (*"Gia mi fur dolci inviti a empir le carte/ I luoghi ameni"*) (Ariosto, sat. IV-129, apud Stendhal, 1949, p.3 [I, 29]).

9 O HERÓI ARMADO DE VIRTUDE

"Eu pensava na morte, respondeu Fabrice, como algo possível a ser evitado pela minha habilidade."

(Stendhal, *La chartreuse de Parme*)

Seqüência lógica das *Crônicas italianas*, *A cartuxa de Parma* surge no interior da ética e estética beylistas como confirmação e paroxismo do ideal de italianidade. Todas aquelas figuras que nas novelas percorriam florestas, conventos e palácios, todas aquelas individualidades naturais que com sua energia combatiam destemidamente as restrições e constrangimentos, todas aquelas criaturas, enfim, que buscavam afirmação de um Eu puro, liberto e virtuoso, porque espontâneo e sincero, receberão na *Cartuxa* uma fisionomia mais cuidada, resultado de uma tessitura romanesca mais elaborada. As personagens que agora transitam pela sociedade oitocentista de Parma e arredores de Grianta são, sem dúvida nenhuma, os irmãos de Jules Branciforte, de Hélène de Campireali, de Félize degli Almieri, do conde Buondelmonte e de tantos outros que compõem a galeria dos tipos stendhalianos. Entretanto, Fabrice del Dongo, Clélia Conti, a duquesa de Sanseverina e o conde Mosca della Rovere reúnem em uma narrativa e intriga únicas, e de modo verossímil, todos aqueles anseios de grandeza, de heroísmo e de natural introduzidos como arquétipos ao longo das *Crônicas italianas*.

A crítica literária parece concordar com a evidência de que a composição temática da *Cartuxa* permite falar de um triunfo do natural, ou de um natural elevado a seu limite. Se tal interpretação é válida para a figura de Fabrice, o mesmo ocorre, como se verá, com aquelas da duquesa de Sanseverina e de Clélia Conti:[1] ambas não deixam de expressar os traços de um italiano stendhaliano e idealizado.

Se ao falar em triunfo do natural admitem-se como paradigmas Jules Branciforte, por sua energia rebelde e violenta; Pietro Missirilli, por seu ardor cívico, às portas da religiosidade; ou, ainda, Gennarino de las Flores, por sua paixão avassaladora, corruptora da própria existência,[2] é Fabrice del Dongo, "singular, espiritual, demasiado sério" (Stendhal, 1949, p.13), "intrépido e apaixonado em seus prazeres" (ibidem, p.17), quem de fato representa a expressão máxima da italianidade. Ao acumular e desenvolver todas as características que se faziam presentes nesse ou naquele herói das *Crônicas*, Fabrice del Dongo é o herói ideal;[3] ideal porque nele Stendhal teria encontrado sua forma romanesca mais apurada, onde literatura e real, imaginário e experiência confundem-se em um único sistema, adquirem uma única face. Trata-se, acima de tudo, de criação literária, já que o romancista deixa entrever em seu último romance toda sua capacidade discursiva, seu modo particular de edificar motivos e personagens literários. Seria preciso relembrar que Sainte-Beuve, crítico severo da produção romanesca de Stendhal, reconhecera na *Cartuxa* o seu "talento" para um tal gênero?

Não por acaso a união entre história e literatura operada por *A cartuxa de Parma* locará o princípio de sua intriga em 15 de maio de 1796, dia em que "o general Bonaparte entrou em Milão à frente daquele jovem exército que acabava de transpor a ponte de Lodi e de ensinar ao mundo que, após tantos séculos, César e

---

1 Também a figura de Marietta, moça gentil, ingênua e "bastante natural" (Stendhal, 1949, p.141[I,190]) contribui para a conformação do caráter natural de Fabrice, ainda mais pelo fato de, curiosamente, ter assumido o nome de sua família: Marietta *Valserra* (O grifo é meu).
2 "Gennarino, perturbado pelas suas suspeitas ciumentas, mata-se" (Stendhal, 1949, p.417[297]).
3 Ver a respeito Hemmings (1964, p.209).

Alexandre tinham um sucessor" (Stendhal, 1949, p.3[I, 29]). É também nesse dia que a Lombardia e todo o restante da península itálica redescobrirão costumes passionais, libertando-se a um só tempo do domínio austríaco e de tudo o que diz respeito a "sensações insípidas". Uma Itália renascentista, dos grandes homens e das grandes paixões criadoras, Itália de Maquiavel, dos Césares e dos Borgia, ressurge, idílica, no cotidiano do mundo peninsular e no cenário da *Cartuxa*.

A imagem triunfal de Napoleão não é aqui fortuita. Muito se comenta acerca da insistência do mito napoleônico na obra romanesca e nos tratados sobre música e pintura de Stendhal: vale lembrar, por exemplo, em *O vermelho e o negro*, Julien Sorel e o retrato de general escondido sob sua cama;[4] e a *Vida de Napoleão*, escrita em 1816. Entretanto, importa aqui unicamente ressaltar a sua estreita relação com o *topos* do heróico, com a busca de ações grandiosas e enérgicas que resgatem o homem de sua apatia moral e letargia física. Napoleão é, para o Stendhal romancista, reedição dos célebres romanos, individualidades completas que pulsavam não somente pela magnanimidade inerente à toga, mas também, e acima de tudo, pelos grandes atos conquistadores. Napoleão e a figura inalterável do romano clássico confundem-se em uma única virtude, em uma só energia, originando o herói stendhaliano que busca o conhecimento das coisas e a consciência de si próprio por meio da ação (cf. Richard, 1954, p.20).

---

4 No instante em que Madame de Rênal faz saber a Julien Sorel que seu marido terminaria o revestimento das camas, um verdadeiro temor se apodera do preceptor: "Salvai minha vida, disse Julien à senhora de Rênal, somente vós o podeis ... Devo confessar, senhora, que tenho um retrato, eu o escondi no colchão de minha cama ... Vós somente, senhora, podeis nesse momento entrar em meu quarto; procure, sem parecer fazê-lo, no ângulo do colchão mais próximo à janela, ali encontrareis uma pequena caixa de cartolina preta e lisa ... Peço-vos ainda, senhora, um segundo favor: suplico-vos de não olhar esse retrato, é meu segredo ... O retrato de Napoleão, dizia-se ele balançando a cabeça, encontrado escondido na casa de um homem que professa tamanha ira contra o usurpador! encontrado pelo senhor de Rênal, tão ultra e tão irritado! e, para cúmulo de imprudência, sobre a cartolina branca, atrás do retrato, linhas escritas por minha mão! e que não deixariam dúvida alguma sobre o excesso de minha admiração! e cada um desses arrebatamentos de amor está datado!" (Stendhal, 1972, p.64-6).

Nesse sentido, ao iniciar a narrativa com a entrada dos exércitos napoleônicos na Itália, pelas portas de Milão, Stendhal pretenderia construir todo um cenário mítico dominado pela figura invisível, porém não menos poderosa, do "Imperador".[5] De fato, o "sucessor de César e de Alexandre", o "homem marcado pelo destino", como assinalara Fabrice, parece impulsionar o jovem *marchesino* à ação, em um convite à experiência e às emoções, para assim transformá-lo em sua imagem e, por conseguinte, no próprio herói à antiga. De modo que, contemplando às margens do onipresente lago "um barco vindo de Como, e apenas invejando a sorte daqueles que podem viajar" (Stendhal, 1949, p.27), Fabrice decifra o sinal que formaria seu caráter:

> de repente fui tomado de profunda emoção ... De súbito, numa altura imensa e à minha direita, vi uma águia, a ave de Napoleão: voava majestosamente dirigindo-se para a Suíça, e por conseguinte para Paris. Disse eu logo então a mim mesmo: Também eu atravessarei a Suíça com a rapidez da águia e irei oferecer a esse grande homem bem pouca coisa, mas enfim aquilo que posso oferecer, a ajuda do meu frágil braço ... Nesse mesmo instante, quando eu ainda via a águia, minha lágrimas, por um efeito singular, secaram; e a prova de que esta idéia vem do alto é que no mesmo momento, sem discutir, tomei minha resolução. (Stendhal, 1949, p.27 [I, 61][6]

---

5   Convém assinalar que Fabrice nunca chegará realmente a se defrontar com o general francês, o que fatalmente aumentaria, a seus olhos, as dimensões da figura de Napoleão: "Então foi o imperador que passou? – indagou dum vizinho. – Oh! Sem dúvida, era aquele de redingote sem bordados. Como é que você não o viu? – redargüiu-lhe com bonomia o camarada" (Stendhal, 1949, p.46, [I, 83]).

6   Curioso notar que o mesmo sentimento de busca de ações enérgicas igualmente dominara outra figura stendhaliana devotada a Napoleão, Julien Sorel: "Julien, sentado sobre seu grande rochedo, olhava o céu, abrasado por um sol de agosto. As cigarras cantavam no campo abaixo do rochedo; quando se calavam, tudo era silêncio ao seu redor. Ele via a seus pés vinte léguas da região. Notava, de tempos em tempos, algum gavião que partira das grandes rochas acima de sua cabeça e que descrevia em silêncio seus círculos imensos. O olho de Julien seguia maquinalmente o pássaro predador. Seus movimentos tranqüilos e poderosos chamavam sua atenção, invejava aquela força, aquele isolamento. Era este o destino de Napoleão, seria um dia o seu" (Stendhal, 1972, p.70).

Se a sociedade de Parma renascera à retirada do exército austríaco, e o paralelo é propositadamente intensificado – "a partida do último regimento austríaco marcou a queda das idéias antigas: tornou-se moda expor a vida ... Todo um povo se deu conta, no dia 15 de maio de 1796, que tudo quanto ele respeitara até então era soberanamente ridículo e não raro odioso" (ibidem, p.3-4[I, 31]) – também um Fabrice partirá em busca de instantes heróicos e ações enérgicas, "expondo sua vida". Sua decisão é a condicionante que enfim o afasta de um característico estado de *feritas* – "de 1800 a 1810 Fabrice passou os primeiros anos no castelo de Grianta, dando e recebendo inúmeros socos no meio de pequenos camponeses da aldeia e não aprendendo nada, nem mesmo a ler" (p.12[I, 43]) –, conduzindo-o à *humanitas*, isto é, indicando-lhe um lugar entre os verdadeiros homens e ofertando-lhe a consciência de seu próprio devir.

À semelhança de seus "irmãos" das *Crônicas*, Fabrice "sempre desagradará aos homens por possuir muito ardor para as almas prosaicas" (p.29). Tal excepcionalidade de caráter confere ao herói stendhaliano o estatuto de uma singularidade exacerbada, atuante à margem do social. E para acentuar a divisão moral e ética instaurada entre ambos, entre individualidade singular e sociedade, Fabrice é conformado como personagem essencialmente ingênua e pura, simples e espontânea, que se imporá ao mundo do coletivo não pelas regras restritivas de condutas, mas, antes, por suas virtudes naturais. De modo que ao se referir ao *marchesino*, o romancista com freqüência emprega adjetivações denotativas de ingenuidade e de ternura. Assim, Mosca della Rovere não pudera deixar de notar que Fabrice era, sobretudo, "homem encantador; tem, sobretudo, esse ar ingênuo e terno e esse olhar sorridente que prometem tanta felicidade! E olhos assim, a duquesa não deve estar acostumada a encontrá-los na nossa corte!" (p.134[I, 193]).[7]

À diferença de Julien Sorel, o heroísmo de Fabrice nunca é calculista; nasce, ao contrário, de uma sensibilidade instintiva, plena

---

7 Em outra passagem deparamos com a seguinte descrição: "esta cabeça alia a extrema bondade à expressão de um certo júbilo ingênuo e terno, que é irresistível" (Stendhal, 1949, p.137).

de presságios e mesmo de religiosidade: com sua resolução de seguir o exército do "Imperador", "num abrir e fechar de olhos, todas as tristezas, que ... envenenam minha vida, principalmente nos domingos, foram como que arrebatadas por um sopro divino" (p.27-8[I, 61-2]).[8]

Inteiramente devotado ao momento presente, imerso em uma espontaneidade plena, Fabrice menospreza, pois, a ciência do cálculo:[9] seus sentimentos têm prioridade sobre a razão. Em razão desse elemento espontâneo, Fabrice poderá corresponder aos anseios de natural perfeito, já que uma figura de "gostos vivos e de espírito" (p.129) não conhece os entraves do racionalismo, embora as forças irracionais jamais o escravizem.[10] Na verdade, em seus atos confundem-se o emocional e o racional; ele se torna admirável aos olhos de todos: com um "olhar grave e pleno de altivez", Fabrice vê-se diante da dificuldade de explicar a Sanseverina que, conquanto a estime e lhe manifeste a mais "devotada amizade", sua alma "não é suscetível de amor" (p.172[I, 221]). Às voltas por um instante com a racionalidade, o *marchesino*, "muito jovem, muito suscetível de adquirir emoções", deixa-se, contudo, dominar por ternos sentimentos: "num gesto natural e, apesar de todo e qualquer raciocínio, tomou em seus braços aquela mulher encantadora e cobriu-a de beijos" (p.173[I, 222]).

O natural que em Fabrice se manifesta não significa apenas recusa do espírito de cálculo, que transforma em mero movimento mecânico, destituído de energia, um gesto, uma palavra, um sentimento; ele é, acima de tudo, incapacidade de assumir a premeditação e o ardil. A espontaneidade surge e desenvolve-se para tudo dominar e a tudo envolver. Nesse sentido, ao visitar o arcebispo Landrini, que se admirara com sua "simplicidade evangélica" (p.169), Fabrice "se mostrou simples e modesto; era um aspecto que tomava com bastante facilidade; precisava, pelo contrário, fazer esforços para representar o de grande senhor" (ibidem, p.17[I, 2919]).

---

8 Ainda com relação à religiosidade, convém assinalarmos que Fabrice levava a sério "tudo o que aprendera com os jesuítas" (Stendhal, 1949, p.15).
9 Consulte-se a respeito Marill-Albérès (1952).
10 Remeta-se uma vez mais a Marill-Albérès (1952).

O herói natural deixa para outras personagens da intriga as ações calculistas e ardilosas. É o conde Mosca quem manipulará a Igreja de Parma a fim de fazer de Fabrice um monsenhor e, desse modo, salvá-lo das acusações que o perseguiam em razão de sua passagem por Waterloo ao lado do exército de Napoleão; a duquesa de Sanseverina, por sua vez, trabalhará junto ao príncipe de Parma, Ranuce-Ernest IV, na obtenção da liberdade de seu sobrinho, sobre quem pairava a ameaça de morte pelo fato de ter "ousado defender sua vida contra um furioso que desejava matá-lo" (p.230). Ao temperamento de Fabrice não resta senão transformar em atos sua dignidade anterior e ascética, sua virtude, que são, essencialmente, um valor moral e heróico.

A personalidade do *marchesino* está de tal modo construída que seria possível falar em legítimo sentimento de superioridade. Ser pleno de grandeza e nem mesmo dar-se conta dessa superioridade – "serei acaso um herói, sem perceber que o sou?" (p.296) – é precisamente o que o eleva acima dos demais indivíduos. Seu destino grandioso e heróico é traçado à luz de seu desinteresse pelas coisas comuns, de sua ausência de afetação e de sua humildade:

> eu, por exemplo, que sou tão pálido e tenho cabelos castanhos, nunca serei assim, acrescentou com tristeza. Para ele tais palavras significavam: Jamais serei um herói. Olhou para os hussardos: com exceção apenas de um, todos tinham bigodes amarelos. (p.43[I, 80])

Uma semelhante impostação de caráter explicita-se nos acontecimentos mais fugazes: quando, por exemplo, Fabrice se afasta subitamente do regimento que acompanhava e acredita avistar a vivandeira que o alimentara e protegera em sua chegada a Waterloo, ele deixa-se envolver e dominar por "sua ternura em relação àquele corpo respeitável" e, contra as ordens do segundo-sargento, parte "ao galope para juntar-se a ela" (p.45). A passagem em que resiste em fugir da Torre Farnèse é igualmente outro instante exemplar desse indivíduo que atua em dissonância com os outros seres, que pretende experimentar as formas de felicidade mesmo que isso suponha sacrifícios:

> Após sete longos meses de prisão, que lhe haviam alterado gravemente a saúde, ele se recusava a recuperar a liberdade. Uma criatura

volúvel, conforme os comentários dos cortesãos haviam pintado Fabrice a seus olhos [de Clélia], sacrificaria vinte amantes para sair um dia mais cedo da cidadela; e que não teria ele feito para evadir-se duma prisão onde cada dia o veneno podia pôr fim à sua vida? (p.329 [II, 108])

À semelhança de Jules Branciforte e sua fidelidade ao amor por Hélène, e de Pietro Missirilli e sua paixão inabalável pela pátria, Fabrice del Dongo expressa a mesma persistência e constância em um desejo. É precisamente o sentimento amoroso que experimenta por Clélia que o impede de fugir, apesar de todos os perigos que a decisão pode ocasionar:

> tudo quanto ela informava não o fez mudar de desígnio um instante sequer: supondo que os perigos que ela lhe descrevia fossem bem reais, seria demasiado comprar por alguns perigos momentâneos a felicidade de vê-la todos os dias? Que vida levaria ele quando estivesse refugiado de novo em Bolonha ou em Florença? ... que vida levaria em Parma, separado de Clélia? ... Uma ou duas vezes por mês, talvez o acaso os colocassem nos mesmos salões; porém, mesmo assim, que espécie de conversa poderia manter com ela? Como reencontrar essa intimidade perfeita que usufruía todos os dias agora, durante várias horas? ... E, caso eu devesse comprar esta vida de delícias e este ensejo único de felicidade mediante alguns pequenos perigos, onde estaria o mal? (p.327-8[II, 106-7])

Talvez esse mesmo sentimento, que não se deixa perturbar pelos constrangimentos e entraves do cotidiano, permitisse enveredar por uma leitura rousseauniana das figuras heróicas de Stendhal. A crítica literária concorda em reconhecer em sua produção romanesca certos motivos caros ao pensamento de Rousseau, sobretudo no que se refere à apologia do estado natural. Por que então não fazer referência a um texto que poderia ter inspirado a formação das personagens das *Crônicas* e da *Cartuxa*? Ora, Fabrice e seus companheiros das novelas são essencialmente virtuosos e heróicos porque sempre impulsionados por aquilo que em seu *Discurso sobre a virtude do herói*, Rousseau chamara "força de alma". Para o autor setecentista, essa força "é o verdadeiro fundamento do heroísmo; ela é a fonte ou o suplemento das virtudes que o compõem, e é ela que o torna próprio às grandes coisas" (Rousseau, 1964, v.2, p.1272).

É por meio dessa mesma força rousseauniana, cujo poder reside em "sempre agir fortemente" (ibidem, p.1273), que o herói stendhaliano sobrepõe-se aos obstáculos, aos constrangimentos e às pressões externas impostos pelo social viciado e vazio. Em Rousseau, ou em Stendhal, a presença de virtudes não é garantia única de heroísmo: "as outras virtudes[11] ... nos libertam do jugo dos vícios; somente a força nos garante aquela da fortuna" (ibidem).

É válido, portanto, entender Fabrice, ao contrário de Clélia Conti, como heróico e virtuoso porque dotado de força de alma e de personalidade que a tudo enfrentam. Clélia, por sua vez, seria apenas virtuosa: suas crenças religiosas, seu apego à hierarquia familial – o pai exerce mais uma vez o papel de tirano – e mesmo seu "caráter comedido" a tornam mais vulnerável, incapaz de suplantar as dificuldades. Assim, em um dos instantes em que, resoluta, se lança a uma ação, a dúvida e a dor invadem seus sentimentos, perturbando-a e fazendo-a hesitar. É o que ocorre no momento em que decide permanecer próxima a Fabrice na Torre Farnèse:

> por cúmulo de miséria, é exatamente o temor de ser afastada da cidadela e encerrada num convento que dirige todo o meu comportamento! É esse temor que me força a dissimular, que me obriga à medonha e desonrosa mentira de fingir aceitar as atenções e os desvelos notórios do marquês de Crescenzi. O caráter de Clélia era fundamentalmente íntegro; em toda a sua vida jamais tivera que se censurar dum passo inconsiderado, e todavia seu comportamento nesta conjuntura indicava o cúmulo do despropósito: pode-se avaliar o estado de seus sofrimentos! (Stendhal, 1949, p.310[II, 89])

Embora Clélia seja figura dotada de virtude, é unicamente em Fabrice que se manifestam, em razão de seu temperamento apaixonado, a exaltação de sentimentos, a exacerbada sensibilidade e o interesse completo pelas grandes ações. Eis sua marca particular. Segundo o abade Blanès, é na busca de uma existência pura, de uma alma forte, que se alcança uma vida feliz e uma morte honrada:

---

11 Justiça, prudência, temperança, generosidade, coragem, todas elas são virtudes. Se um homem as possui, ele é um indivíduo virtuoso, podendo, entretanto, não ser heróico pela simples ausência de força de alma.

não caias nunca no crime, seja qual for a violência que te tente ... se resistires à violenta tentação que parecerá justificada pelas leis da honra, tua vida será muito ditosa aos olhos dos homens ... e razoavelmente feliz aos olhos do sábio – acrescentou após um instante de reflexão. – Morrerás como eu, meu filho, sentado numa cadeira de pau, longe de todo luxo e desiludido do luxo e, como eu, não tendo nenhuma censura grave a fazer a ti próprio. (p.152[I, 201])

Dito de outro modo, é na busca incessante da virtude, do amor[12] e da beleza natural do espaço italiano que Fabrice pode para si reservar um lugar no panteão dos heróis, afastando-se definitivamente dos homens comuns. E, mais uma vez, as palavras de Rousseau (1964, p.1272) parecem ecoar na figura do *marchesino*: "O herói nem sempre realiza grandes ações, mas, se necessário, está sempre pronto a fazê-las e se mostra grande em todas as circunstâncias de sua vida: eis o que o distingue do homem comum".[13]

Se Fabrice amará Clélia até a morte é muito provavelmente porque Stendhal pretende reafirmar a vocação de seu herói à plenitude existencial. Sua existência une-se inexoravelmente ao ato amoroso que a torna autêntica, verdadeira, superior. E esse amor somente poderá crescer junto aos espaços elevados, no isolamento da Torre Farnèse – "estamos todos os dois sozinhos aqui" (Stendhal, 1949, p.296). Porque o amor experimentado por Fabrice, ao qual Clélia se esforça em resistir, não é jamais ditado pelas regras e conveniências da sociedade de Parma. Ele renuncia ao mundo das coisas, dos prazeres fáceis e comuns em favor de uma fruição que diz respeito não ao corpo, mas, antes, ao espírito. A Torre Farnèse

---

12   E esse amor não poderia encontrar melhor expressão senão por meio de Petrarca, que envolve em um atmosfera poética e sublime a existência de Fabrice e mesmo de Clélia. Ao rever a então marquesa Crescenzi, Fabrice "aproximou-se dela e pronunciou à meia-voz, como se falasse sozinho, dois versos daquele soneto de Petrarca que lhe enviara do lago Maggiore impresso em um lenço de seda: mais infeliz agora estou, do que quando o vulgo me julgava miserando!" (Stendhal, 1949, p.450[II, 227]).

13   Não reconheceríamos aqui uma certa semelhança com Jules Branciforte e Hélène de Campireali, o primeiro sempre heróico porque determinado, ao passo que a jovem protagonista se limita à esfera do virtuoso em razão de sua queda na vacuidade e vaidade?

e, como assinala o próprio Fabrice, sua "solidão aérea" o aproximam das esferas supramundanas, envolvendo seu sentimento por um halo natural – corroborado pela presença da laranjeira e dos pássaros junto à prisão da torre. No isolamento e silêncio de sua cela, perturbado apenas pelos signos emitidos pela natureza e pelo coração, Fabrice pode entregar-se inteiramente àquilo que germina em seu interior. Sua morte – "poucos dias após a morte de Clélia ele se retirou na Cartuxa de Parma situada nos bosques vizinhos ao Pó, a duas léguas de Sacca" (ibidem, p.479)[14] – vem responder, e de modo talvez evidente, a essa necessidade última de solidão silenciosa, confere uma tonalidade melancólica e plena de beleza a uma individualidade que parece ter seguido os conselhos do abade Blanès: uma morte acompanhada pela paz de alma, porque fruto de uma existência sem máculas. Contudo, a personalidade de Fabrice unicamente atingiria sua plenitude existencial se para ela concorresse uma coordenada determinante: sua busca incessante de batalhas militares, resultado lógico e coerente de um caráter natural e espontâneo que se fizera um "nome ao mundo pela sua coragem" (p.334).[15] E é precisamente em razão dessa coragem, de sua disponibilidade à ação, de sua entrega total a um desejo, que Sanseverina e Clélia podem amá-lo.[16] É aliás esse traço particular que aproxima Fabrice de seus irmãos das *Crônicas*, acentuando uma vez mais o *leitmotiv* da energia: envolvido em uma querela, Fabrice demonstrara uma reação

---

14 Convém assinalar que é unicamente na última página de sua obra que Stendhal justifica seu título.
15 Fabrice não se assemelharia a Pietro Missirilli, paradigmática figura que fizera "alguma coisa mais do que se dar o trabalho de nascer?" (Stendhal, 1964a, p.273[202]).
16 Como na afirmação de Sanseverina ao conde Mosca della Rovere: "Amo nele sua coragem tão simples e tão perfeita, que se pode dizer que nem ele mesmo percebe" (Stendhal, 1949, p.271[II, 48]). Clélia, por sua vez, ao vê-lo cercado por policiais que o conduzem à Torre Farnèse, reflete em dois momentos: "Que distinção! Que serenidade! Que ar de herói ele tinha, cercado por vis inimigos!"; "Por certo Fabrice é bem digno de ser amado!" (ibidem, p.252[II, 29] e 258[II, 35], respectivamente). E até mesmo Marietta, a simples atriz de teatro, amiga de Fabrice, o admira por sua coragem: "Ah! Como tu és corajoso!" (p.180[I, 229]).

inteiramente gênero século XVI: em vez de desafiar para um duelo o jovem genebrino, sacou seu punhal e arremessou-se sobre ele a fim de traspassá-lo. Em tal momento de paixão, esquecia tudo quanto aprendera sobre as regras da honra e recorria ao instinto, ou, melhor, às recordações de sua primeira infância. (Stendhal, 1949, p.74[I, 114])

Nesse sentido, Stendhal descreve, nos capítulos III e IV, uma figura obcecada pela luta, que a todo instante deseja "realmente lutar, matar um inimigo!" (p.52), que incansavelmente corre para os fogos e canhões de Waterloo. Assumindo a face do arquétipo renascentista do *homo faber* que procurara para si um lugar entre os homens dignos e virtuosos por meio de sua experiência e ação, Fabrice busca o combate como forma de aceder à felicidade e à utilidade, garantindo-se assim a liberdade, longe de qualquer abulia e vacuidade do ser. É no campo da batalha, distante dos salões mundanos e artificiais da corte de Parma,[17] que vemos reafirmada a casuística beylista, responsável pela inscrição dos movimentos do *marchesino* no universo dos signos heroicizantes. O jovem atua em nome da libertação da Itália não como *homo politicus*, mas, antes, como um "verdadeiro militar", sem medir esforços para combater o inimigo. Esse inimigo é representado não apenas pelos exércitos austríacos, mas, acima de tudo, por uma sociedade fraca de espírito e vontade, porque adaptada às circunstâncias. Ao lançar-se ao fogo – "Ah! aqui estou eu finalmente em meio ao fogo" (p.43) –, Fabrice honra toda a tradição inaugurada pelas personagens das *Crônicas italianas*: acreditando-se "uma daquelas grandes coragens oferecidas em alguns exemplos ao mundo pela Antigüidade" (p.296), servindo-se de movimentos enérgicos, o jovem protagonista conduz sua existência à verdadeira dimensão do *pathos* (cf. Crouzet, 1983b, p.253). *A cartuxa de Parma* transformar-se-ia assim em uma coroação do ideal de italianidade de Stendhal.

---

17 Fabrice contrapõe-se sobretudo a uma típica figura deste mundo, o fiscal Rassi: "Rassi era praticamente o homem perfeito da corte; sem honra e sem brio" (Stendhal, 1949, p.242[II, 18]).

10 PASSIONALIDADE E MUNDANISMO

"Na Itália, ser feliz é deixar-se levar pela inspiração do momento."

(Stendhal, *De l'Amour*)

"Essa abertura de coração é bem notável na Itália."

(Stendhal, *Rome, Naples et Florence*)

Embora ao longo de toda a *Cartuxa* Stendhal envolva Fabrice em um particular clima de heroísmo, o *topos* de italianidade esboçado nessa figura completa-se graças à atuação de outras importantes personagens. A plenitude do caráter italiano do *marchesino* encontra um apoio essencial à sua expressão especialmente junto a Mosca della Rovere, à duquesa de Sanseverina e a Clélia Conti, responsáveis pela elaboração e salvaguarda do universo no interior do qual agirá o jovem Del Dongo. Por meio da paixão espontânea de Sanseverina e do amor tímido de Clélia, e, ainda, pela prudência e experiência de Della Rovere, elaboram-se os caminhos da perfeição do natural enérgico, manifesto no perfil daquele que a crítica literária costumou chamar o *alter ego* de Stendhal, ou, por assim dizer, o Fabrice Beyle que Stendhal desejaria ter sido.

Nesse sentido, não por acaso se verifica na *Cartuxa* uma sutil alteração na ética beylista. Ao contrário do que se passava nas *Crônicas italianas*, onde as personagens apresentadas como paradigmas de italianidade atuavam isoladamente, vagueando por florestas ou entre muros claustrais, solitários, Fabrice converte-se em um eu puro e virtuoso igualmente pela ajuda recebida de indivíduos que, de uma forma ou de outra, e de modo sempre dissimulado,[1] aceitam as regras mundanas, ou, ainda, são incapazes de lutar obstinadamente contra elas. Tal será o caso de Sanseverina e sua malícia aliada à naturalidade; de Mosca della Rovere e sua conjunção de sentimento passional e vivência mundana; e de Clélia Conti e sua timidez e retraimento.

"A senhora Sanseverina era de longe a mulher mais brilhante de Parma" (Stendhal, 1949, p.120). Ao romancista da italianidade interessam apenas as grandes personalidades, pois, por intermédio delas, se corroborariam a excepcionalidade e o heroísmo de suas personagens. Assim, dedicando-se essencialmente à descrição psicológica de Sanseverina, cujo brilhantismo é assinalado já nas primeiras páginas da *Cartuxa*, Stendhal releva os traços constituintes de sua tipologia peninsular. "Gina del Dongo que, em seguida, tornou-se a adorável duquesa de Sanseverina" apresenta, pois, um caráter inigualável: "ninguém, na época da prosperidade, a ultrapassou na alegria e no espírito afável, como ninguém, ao tempo da sorte adversa, a ultrapassou no ânimo e na serenidade de alma" (ibidem, p.7[I, 37]).

Ela é "viva e franca" e "sempre louca de amor"; "jovem, brilhante, lépida como um pássaro", seu temperamento parece concretizar o *leitmotiv* stendhaliano: Sanseverina carrega aquela energia arquetípica das individualidades das *Crônicas*. Sua existência liga-se inexoravelmente à de seu sobrinho, de modo tal que a morte deste significará a sua própria morte; ela vive impulsionada pelo amor, age motivada pelos impulsos de seu coração e de sua paixão, morre, enfim, de amor:

---

1 Outra personagem stendhaliana característica dessa atitude, ainda que não pertença ao ciclo italiano, é Julien Sorel: por meio da hipocrisia e de cálculos inteligentes, o protagonista de *O vermelho e o negro* pode salvaguardar seu natural e sua energia da mediocridade, mesquinharia e intrigas da pequena sociedade de Verrières.

Nesse magnífico palácio de Vignano, que o conde lhe mandara construir, ela recebia às quintas-feiras toda a alta sociedade de Parma e, diariamente, seus numerosos amigos. Fabrice não deixara dia algum de vir a Vignano. Em suma, a condessa reunia todas as aparências da felicidade, mas não sobreviveu senão pouco tempo a Fabrice, que ela adorava, e que só passou um ano na Cartuxa. (p.479[II, 259])

O crítico literário Charles Dédéyan (1963, p.80) afirma, com propriedade, que Sanseverina, futura condessa Della Rovere, expressa "uma alma apaixonada, de manifesta sensibilidade romântica". Nunca plenamente satisfeita, inteiramente devotada a Fabrice e sempre envolta por um clima de ação e paixão, "a duquesa, sempre apaixonada por alguma coisa, sempre ativa, jamais ociosa, tinha mais espírito que toda a corte de Parma junta" (Stendhal, 1949, p.119).

É a força de seu sentimento passional que empreende energia à duquesa de Sansaverina; é por meio da paixão que poderá se opor aos mecanismos sociais restritivos. E, como não poderia deixar de ser, paixão e coragem caminham lado a lado no combate a todo e qualquer obstáculo; sem esses movimentos passionais interiores, sinônimos de vida, a existência das personagens não teria sentido algum: "[Essa] alma assim sincera, que não age nunca *com prudência*, que se entrega por inteiro à impressão do momento, que anseia sentir-se empolgada por algo sempre novo" (ibidem, p.95[I, 141]), acredita na pura e primeira fruição, na ditadura única do novo, sem se preocupar com a duração.

Por que não reconhecer na descrição da duquesa elementos constitutivos de uma espécie de estética do efêmero que teria permeado a produção artística do "Antigo Regime"? Assim como o século XVIII pré-revolucionário apresentara um estilo de vida marcado pelas atividades sem fim – donde o significado das festas galantes, reino da variedade, simulacro do inesgotável, perpétuo triunfo da surpresa[2] –, o temperamento de Sanseverina, e de tantos

---

2 A se consultar, a propósito da estética galante, todo o belo texto de Jean Starobinski (1964) intitulado *L'invention de la liberté*.

outros italianos de Stendhal, vale pela impaciência e inquietação que não lhe deixam espaços ao repouso e à abulia.[3] Por meio de sensações e idéias fugidias, a alma salvaguarda-se da vacuidade, das premonições do esgotamento e do tédio. E é precisamente nesse sentido que a arte barroca oferece ao olhar um movimento continuamente renovado[4] e que Sanseverina busca a intensidade das ações e sensações: "a perspectiva de entediar-se decidira tudo" (p.453). E qual seria na ética beylista a garantia dessa fruição efêmera e mutável capaz de assegurar à alma sua própria consciência de existir? Amor e paixão, trunfos stendhalianos que não apenas orientam a vida, mas que são igualmente as únicas expressões da interioridade que podem coexistir com a energia (cf. Sabatier, 1973, p.77-80).

Desse modo, todo o *élan* da personalidade de Sanseverina vem corresponder à necessidade romanesca de representação do natural. Se o natural é a ausência de projeto, se a lei do prazer e da fruição recusa qualquer ordenação temporal preocupada exclusivamente em se realizar, a duquesa é, pois, indivíduo essencialmente espontâneo:

> Gina é mulher de movimentos súbitos; seu comportamento é imprevisto, mesmo para ela. Se quiser traçar um rumo de antemão, atrapalha-se; sempre, no momento de agir, lhe ocorre uma idéia nova que ela segue com arrebatamento como sendo o que há de melhor no mundo. (Stendhal, 1949, p.134[I, 183])

---

3 Pierre Sabatier (1973, p.84) concorda com tal interpretação: "Esse gosto da inconseqüência, do imprevisto, está presente em todos os seus heróis. Cada um deles é possuído por uma espécie de loucura romanesca, de um desejo vago de novidades. A duquesa de Sanseverina e Lamiel são essencialmente dominadas pelo imprevisto; sentem-se atraídas por aventureiros como Ferrante Palla e Valbayre. Octave de Malivert tem horror do regular, das conveniências; se procura as más companhias é porque não sabe o que elas lhe reservam".

4 "Se é preciso ordem nas coisas, é igualmente preciso variedade: sem isso, a alma esmorece, pois as coisas semelhantes lhe parecem sempre as mesmas; e se a parte de um quadro que nos é apresentado se parece com outro que teríamos visto, esse objeto seria novo sem parecer sê-lo e não nos daria nenhum prazer. E, como as belezas da arte, à semelhança daquelas da natureza, consistem apenas no prazer que nos dão, é preciso torná-las apropriadas, o máximo que pudermos, a variar esses prazeres; é preciso que a alma veja coisas que não viu; é preciso que o sentimento que lhe é dado seja diferente daquele que acaba de ter" (Montesquieu, 1889, p.846).

Essa constituição de temperamento conferirá força e virtude às ações da personagem no instante em que decide servir e defender Fabrice. Sua imprevisibilidade e espontaneidade são condicionantes de vivacidade de espírito e de inteligência alerta e maliciosa. Segura e ciente de suas qualidades, empregando todo um *savoir-faire* para efetivar sua vontade – e nesse instante o natural se alia à dissimulação –, a duquesa dará sinais de pleno conhecimento do universo em que vive, de suas personagens, de suas regras de conduta, de maneiras a assumir e armas a adotar contra resistências e obstáculos. Nada mais paradigmático de tal habilidade que sua entrevista com o príncipe Ranuce-Ernest IV, quando procura obter o perdão para Fabrice, condenado pelo assassinato, em legítima defesa cumpre assinalar, de Gilletti:

> [Sanseverina] falava muito lentamente a fim de ter bastante tempo e ensejo de gozar a fisionomia do príncipe que ela achou deliciosa por causa do profundo assombro que traía e pelos resquícios de grandes ares que a posição da cabeça e dos braços acusava ainda. O príncipe ficou como que fulminado por um raio. Com sua voz estridente e alterada, atalhava, de vez em quando, articulando apenas: *Como! Como!* A duquesa, em sinal de respeito, após terminar seu cumprimento, deu-lhe tempo para responder; em seguida acrescentou: – Ouso esperar que Vossa Alteza Sereníssima se dignará perdoar-me a incongruência do traje.[5] Mas, falando assim, seus olhos irônicos cintilavam com um brilho tão vivo que o príncipe não o pôde suportar. (p.232[II, 8])

A mesma desenvoltura manifesta-se em suas relações com Clara-Paoline, "a triste princesa de Parma, que, pelo fato de seu marido possuir uma amante, acreditava-se a mais infeliz das criaturas do universo" (Stendhal, 1949, p.106):

> [Clara-Paoline] recebeu a duquesa com tão acentuada timidez, que alguns cortesãos inimigos do conde Mosca ousaram dizer que a princesa tinha ar da mulher apresentada, e a duquesa é que parecia a soberana. Surpresa e quase atarantada, a duquesa não conseguia encontrar palavras para colocar-se em escala inferior àquela em que se colocava a própria princesa. A fim de dar um pouco de sangue frio

---

5 "Ela não estava absolutamente em trajes de corte" (Stendhal, 1949, p.230[II, 6]).

àquela pobre princesa, que no íntimo não era parva, a duquesa não achou solução melhor do que iniciar e prolongar um longo debate sobre botânica. A princesa era realmente instruída nesse gênero, possuía muitas estufas com inúmeras plantas dos trópicos ... A duquesa conquistou para sempre a princesa Clara-Paoline que, de tímida e interdita que se mostrara no começo da audiência, se sentiu no fim tão à vontade que, contra todas as regras da etiqueta, aquela primeira audiência não durou menos de cinco quartos de hora. No dia seguinte, a duquesa mandou comprar plantas exóticas e passou por grande amadora de botânica. (p.107-8[I, 154])

À malícia e artificialidade estudadas e empregadas de modo desembaraçado e, paradoxalmente, natural, vem unir-se o sublime,[6] manifestação de uma individualidade que se dedica à liberdade e à felicidade do Outro, em especial daquele de quem depende sua própria felicidade: "Enfim, se [Fabrice] não é feliz, eu não posso ser feliz. Veja, aí está uma palavra que descreve bem o estado do meu coração; se não é a verdade, é pelo menos tudo quanto entrevejo" (p.271[II, 49]).

Nesse sentido, a figura de duquesa assemelha-se às personagens das *Crônicas*, a Jules Branciforte e a Béatrix Cenci em particular, ou, ainda, à princesa de Campobasso: assim como elas, não se deixa dominar por escrúpulos ou regras sociais no caminho da concretização de sua vontade e nos desdobramentos de uma recusa a qualquer elemento antinatural. Se a livre expressão da liberdade de Fabrice requer a morte do príncipe de Parma, Sanseverina não hesitará em encomendá-la a Ferrante Palla, *"brigand"* oitocentista que guarda ainda em si todo um ideário de liberdade e que luta em defesa dos perseguidos e oprimidos pelo social tirânico,[7] aproximando-se assim dos *"brigands"* da impenetrável floresta de Faggiola:

---

6 Relembremos que a expressão do sublime em Stendhal confunde-se com a energia e o natural, assim significando a manifestação prometéica da individualidade que toma consciência de sua força e potencialidade, capazes de moldar o mundo e conquistá-lo à sua maneira. Ver a esse propósito os capítulos sobre o sublime de Michel Crouzet em *La poétique de Stendhal* (1983b).

7 "Execro o príncipe, que é um tirano" (Stendhal, 1949, p.347[II 126]). Não por acaso, Ferrante se considera um "tribuno do povo", isto é, legisla em favor dele, velando sobre seus direitos e pela justiça.

– Trata-se de envenenar o assassino de Fabrice.
– Eu já adivinhara, e nos vinte e sete meses em que levei esta vida errante e abominável, muitas vezes pensei em fazer isso por minha conta ...
– Trata-se de não liquidá-lo antes que eu lhe dê o sinal ... Essa morte provavelmente só ocorrerá daqui a diversos meses, mas ocorrerá. Exijo que ele morra pelo veneno, e preferiria vê-lo viver a vê-lo atingido por um tiro. (p.353-4[II, 132])

A mesma força resoluta apresenta-se quando se trata de organizar a fuga de Fabrice da prisão de Farnèse:

> Desde a meia-noite a duquesa, no meio de homens armados até os dentes, vagava em profundo silêncio diante das muralhas da cidadela; não conseguia ficar parada, pensava que teria que combater para libertar Fabrice da gente que o perseguiria. (p.367[II, 146])

Importa assinalar, entretanto, que a alma passional e enérgica de Sanseverina, "que mostrava em todas as coisas um caráter entusiasta" (p.13), não atua somente por desprendimento natural em relação a seu sobrinho: ela age motivada por amor. Não seria, pois, estranho se experimentasse ciúme, embora nunca mesquinho e egoísta. Stendhal parece aqui privilegiar o *threnos* impulsivo e quase trágico de uma figura cuja paixão conduz à superação das regras de conduta. Tal caracterização é relevada pelas observações de natureza emocional enunciadas ao anúncio da morte do príncipe de Parma:

> – O príncipe de Parma morreu! ... A duquesa olhou para Fabrice, considerando: Fiz isso por ele; faria mil vezes pior; e ei-lo que permanece indiferente, diante de mim, pensando em outra! Está acima das forças da duquesa suportar tal pensamento; caiu desmaiada totalmente. Toda gente apressou-se em socorrê-la, mas, ao voltar a si, ela notou que Fabrice não se mexera, muito ao contrário do arcipreste e do cura, devaneava, como de costume. (p.387[II, 166])

A se notar o mesmo sentimento de perda quando Sanseverina reflete se seu regresso a Parma, após a morte do príncipe, seria ou não conveniente:

> sem dúvida, ia pensando, a prudência me aconselha a esperar um mês ou dois antes de voltar a Parma; mas sinto que jamais terei paciên-

cia para aguardar; sofro por demais aqui. Esse devaneio contínuo de Fabrice, esse seu silêncio, são para o meu coração um espetáculo intolerável. Quem me diria que eu, passeando neste lago encantador, absorta em colóquio com ele, e tendo feito para vingá-lo mais do que me é lícito dizer, iria entediar-me? ... Amarei Fabrice, devotar-me-ei à sua sorte. Mas é preciso que ele não rompa o casamento de Clélia nem acabe se casando com ela ... Não; isso não se dará! (p.388 [II, 167-8])

Se a relação entre Fabrice e Sanseverina permanece de certo modo dúbia e nebulosa, esclarecendo-se unicamente no instante em que Clélia passa a assumir função e importância decisivas sobre a existência do *marchesino*, é porque o jovem herói encontra na figura da duquesa uma espécie de desdobramento de si, um eco de sua própria interioridade. Do mesmo modo que se estabelecera uma identificação social entre os protagonistas das *Crônicas*, Sanseverina oferece a Fabrice a possibilidade de ascender ao ideal, ao virtuoso, por meio de sua ação sempre apaixonada e passional, ou, simplesmente, por se apresentar "tão viva, cintilante de espírito e de malícia" (p.253).

Contribuindo da mesma forma que Sanseverina à elaboração e ao desenvolvimento do clima heróico em que vive Fabrice, a figura de Clélia Conti vem corroborar e explicitar aquela idéia de identificação ideal de dois temperamentos já prenunciada entre o *marchesino* e a duquesa. Mas, ao contrário do que ocorrera com Sanseverina, cuja relação com Fabrice fora resultado de um longo e progressivo desenrolar, a aliança que se estabelece entre o herói da *Cartuxa* e Clélia é quase que imediata, acentuando-se assim a integração natural e espontânea motivada pelo encontro de dois seres semelhantes e singulares. Quando a carruagem de Sanseverina depara com policiais que conduziam Fabio Conti e sua filha Clélia, essa jovem de "tanto espírito, ou melhor, de tanta alma" é convidada a subir e continuar sua viagem em companhia de Fabrice e de sua tia. No entanto, à ordem do policial – "permaneça na estrada, não suba em uma carruagem que não lhe pertence" (p.80) –,

a jovem, em vez de subir para a caleça, quis tornar a descer do estribo e, como Fabrice continuasse a sustê-la, caiu-lhe nos braços. Ele sorriu e ela enrubesceu profundamente; permaneceram um instante entreolhando-se, mesmo depois que a moça se desvencilhou de seus braços. Seria uma encantadora companheira de prisão, pensou Fabrice. Sua fronte parece abrigar pensamentos profundos! Deverá saber amar deveras! ... [Ela] contemplava com certo pasmo aquele jovem herói cujos olhos pareciam ressumbar ainda todo o ardor das pelejas. Quanto a Fabrice, sentia-se um tanto zonzo ante a beleza tão singular daquela jovem de doze anos, e seu olhar a fazia enrubescer. (p.77 e 80[I, 118 e 120])

A importância desse encontro, em que olhares trocados denotam a particularidade dos signos comunicativos no interior da estética stendhaliana – "pode-se dizer tudo com um olhar" –, assinala outra característica da jovem Clélia: sua singularidade, expressa não apenas pela sua beleza, mas também pela profundidade de espírito que seu rosto denota. Entre ela e Sanseverina, aliás, delineia-se um contraste, prenúncio do surdo embate que às duas envolverá na conquista do amor de Fabrice. Enquanto a duquesa envolvia-se com paixão,

> prendendo-se apaixonadamente, se assim se pode dizer, a todos os assuntos que o decorrer da conversa ia apresentando aos olhos da sua alma, Clélia se mostrava calma e lenta a emocionar-se, quer por desdém pelo que a rodeava, quer por saudade de alguma quimera ausente. (p.253-4[II, 31])[8]

A diferença entre as duas mulheres não se resume ao aspecto espiritual. O contraste dá-se também esteticamente; e Stendhal parece favorecer a jovem Conti:

> A admirável singularidade daquele rosto – onde brilhavam a graça ingênua e a marca celeste da alma mais nobre – era que, conquanto da mais rara e da mais incomparável beleza, não se assemelhava de maneira alguma às cabeças gregas ... A duquesa, pelo contrário, tinha talvez em excesso aquela beleza *conhecida* como ideal, e sua cabeça lombarda recordava deveras o sorriso voluptuoso e a terna melancolia das belas Herodíades de Leonardo da Vinci. (p.253 [II, 31])

---

8 Assinale-se, ainda, que Clélia possui "olhos mais belos do que os da duquesa, mormente pelo fato de, em certas ocasiões, conquanto raras, serem suscetíveis duma expressão mais profunda" (Stendhal, 1949, p.254[II, 31]).

Tais descrições, de cunho quase que pictural, e não raras na *Cartuxa*[9] – Clélia Conti, na mesma passagem, poderia ser comparada "às belas figuras de Guido" –, parecem permitir a Stendhal a um só tempo medir "sua emoção diante da beleza, unir sua criação às grandes obras-primas que ele sonha em igualar por transposição" (Dédéyan, 1952, p.79) e retomar o *leitmotiv* da virtude e da energia. Se Stendhal freqüentemente esboça o perfil de Clélia acentuando sua "celeste beleza", sua "alma elevada", seu "ar tão nobre... tão acima das graças comuns" é porque busca relevar a singularidade de caráter resultante sobretudo do "profundo menosprezo de tudo aquilo que é vulgar" (Stendhal, 1949, p.255). A partir dessa recusa do comum esboça-se um dos traços mais significativos de uma personagem tão "singular": para uni-la a Fabrice, Stendhal faz de Clélia uma

> pequena sectária do liberalismo; na sua primeira mocidade, levara a sério todas as conversas sobre liberalismo que ouvia na sociedade de seu pai que não pensava senão em galgar uma posição; ela partira daí para votar desprezo e quase horror ao caráter flexível do cortesão, o que explicava sua antipatia pelo casamento. (p.301[II, 81-2])

Clélia liberal manifesta-se eloqüentemente quando reflete sobre a imagem de Fabrice conduzido à prisão: "Ó poder absoluto, quando cessarás de pesar sobre a Itália? Ó almas venais e baixas! E eu sou filha dum carcereiro!" (ibidem, p.256[II, 33]).

Ao liberalismo alia-se a generosidade: Clélia é, sem dúvida, uma alma generosa (cf. Dédéyan, 1963, p.107) que age desprendidamente, mesmo contra seus votos e promessas, em favor de Fabrice. A paixão que aos poucos a envolve une justiça e bondade, assume uma significação altruísta, uma espécie de luz natural que confunde o "ser com o ser bom, a adesão a si com a expansão em direção ao outro (Crouzet, 1985, p.99). Desse modo, embora ainda

---

9 Ver a esse respeito a descrição da marquesa del Dongo, mãe de Fabrice: segundo Robert, um jovem oficial francês convidado ao palácio dos Del Dongo, "ela estava então no apogeu da beleza; você a conheceu com aqueles olhos tão belos e duma doçura angelical e com os lindos cabelos dum louro escuro que desenhavam tão bem o oval desse rosto encantador. Eu tinha no meu quarto uma Herodíade de Leonardo da Vinci que parecia seu retrato" (Stendhal, 1949, p.6[I, 36]).

relute em aceitar o sentimento amoroso que a domina, Clélia concorda em participar na organização da fuga de Fabrice da Torre Farnèse. E mesmo que tal atitude contrarie os códigos sociais que impõem a obediência e servilidade ao pai:[10]

> empregarei até mesmo os meios mais perigosos para introduzir na cidadela um embrulho de cordas, menosprezando, ai de mim! todos os meus deveres. Se meu pai vier a ter conhecimento disso, não verei mais você; seja qual for, porém, o destino que me espera, serei feliz nos limites duma amizade de irmã, se puder contribuir para salvá-lo. (Stendhal, 1949, p.341[II, 120])

O mesmo *élan* de bondade e desprendimento, plenos já de enlevo amoroso, induz Clélia a trair seu próprio pai e a colaborar com os planos de Sanseverina, como observa a própria duquesa:

> Clélia Conti, aquela jovem tão piedosa, traíra seu pai, pois consentira que se embriagasse a guarnição, e jamais Fabrice se referia a Clélia! Mas, acrescentava a duquesa batendo no peito com desespero, se não tivessem embriagado a guarnição, todos os meus projetos, todos os meus cuidados se tornariam inúteis; assim, pois, foi ela quem o salvou. (p.375[II, 154])

Embora a restrição espacial imposta pelo claustro às figuras femininas das *Crônicas* pareça aqui pouco relevante – Clélia movimenta-se livremente, seus gestos percorrem não apenas o pátio da residência paterna, mas também encantam os salões da corte de Parma –, os obstáculos à paixão e à energia são ainda motivos determinantes no desenrolar da intriga. E do mesmo modo que as dificuldades conclamavam as protagonistas das *Crônicas* à ação, Clélia vê-se impulsionada a sair de sua solidão melancólica[11] em

---
10   Isso lembra Hélène de Campireali que, contra todos os códigos de honra familial, recebe Jules em seu quarto e com ele escuta o som da Ave Maria até o amanhecer, longe do palácio paterno e opressor.
11   Esse movimento, igualmente determinado pela simpatia despertada junto a uma individualidade semelhante à sua, permite a Clélia sair de seu retraimento. Sua felicidade, e mesmo sua infelicidade, – lembre-se de que, em Stendhal, as paixões significam a aliança entre a maior felicidade e a maior infelicidade (ver a esse respeito os capítulos sobre o sublime de Michel Crouzet (1983b) em *La poétique de Stendhal*) – está para sempre ligada ao seu desprendimento em direção ao outro, e, mais especificamente, a Fabrice.

razão de um social injusto e tiranizante que aprisionara Fabrice unicamente por sua ousadia e por defender a causa da liberdade:

> Fabrice julgou notar, é verdade, que a severidade de Clélia parecia diminuir à medida que aumentavam as dificuldades materiais que se opunham a qualquer correspondência. Observou muito bem que ela não fingia mais desviar os olhos para o chão ou para os pássaros quando ele tentava dar-lhe sinais de presença com a ajuda do péssimo arame. Sentia prazer em ver que ela não deixava mais de aparecer no viveiro no momento exato em que o relógio batia três quartos depois das onze horas, e chegou quase a ter a presunção de atribuir a si mesmo a causa dessa pontualidade. Por quê? Essa idéia não parece razoável, porém o amor observa matizes invisíveis ao olhar indiferente e daí extrai conseqüências infinitas. (p.304 [II, 83-4])

O perigo também impulsiona a jovem à ação.[12] À ameaça de envenenamento de Fabrice, Clélia visita-o na Torre Farnèse, contra qualquer prudência e regras de conduta, movida por um sentimento até então velado e recatado. Ela parece finalmente ouvir apenas os apelos de seu coração, sai em defesa de seu amor:

> se ele ainda vive, meu dever é salvá-lo. Avançou com ar altivo para a pequena porta da torre ... Vinte passos adiante, ela encontrou sentado no primeiro dos seis degraus de madeira que conduziam ao quarto de Fabrice um segundo ajudante de carcereiro muito idoso e bastante vermelho que lhe perguntou com ar resoluto: – Tem uma ordem do governador, senhorita? – Acaso não me conhece? Clélia, nesse momento, sentia-se animada por uma força sobrenatural, estava fora de

---

12 Convém relembrar que o perigo, o medo são elementos constitutivos da "ética italiana" de Stendhal: somente à iminência da perda, sob o domínio do medo, da dúvida e da angústia, o homem pode medir suas forças e possibilidades. Essa mesma idéia de perigo era, segundo Stendhal, um dos aspectos que definiam o século XVI: "Na Idade Média, a presença do perigo fortalecia os corações e aí está a causa, se não me engano, da surpreendente superioridade dos homens do século XVI. A originalidade, entre nós rara, ridícula, perigosa e com freqüência afetada, era então comum e sem fardo. Os países onde o perigo mostra ainda sua mão de ferro, como a Córsega, a Espanha, a Itália, podem ainda produzir grandes homens. Nos climas em que o calor escaldante exalta a bile durante três meses ao ano, falta apenas a direção da energia; em Paris, temo que falte a própria energia" (Stendhal, 1965, p.157).

si. Vou salvar meu marido[13] ... Clélia subia depressa os seis degraus, precipitava-se contra a porta; uma enorme chave estava na fechadura; ela precisou de todas as suas forças para virá-la. Nesse momento, o velho carcereiro, meio bêbado, agarrou-lhe a orla do vestido; ela entrou vivamente no quarto e fechou a porta rasgando o vestido. Como o carcereiro empurrasse a porta a fim de entrar após ela, Clélia a fechou com o ferrolho que se achava à mão. Volvendo o olhar pelo quarto, viu Fabrice sentado diante de uma mesa muito pequena, onde estava o seu jantar. Precipitou-se para a mesa, revirando-a, agarrou o braço de Fabrice e perguntou-lhe: – Comeste? Este tuteamento fascinou Fabrice. Em sua confusão, Clélia esquecia pela primeira vez o recato feminino e deixava ver o seu amor. (p.421-2[II, 200-1])

A complexidade de seu caráter, no entanto, a impede de se entregar a essa paixão que a invade. A jovem Conti é a um só tempo exaltada e religiosa, apaixonada e temente a Deus. Madona é seu refúgio. Sua perdição, e a de Fabrice. Assim como Hélène de Campireali, Clélia por um breve instante hesita entre a honra passional e a honra familial, fato que prenunciaria todo o desfecho trágico da intriga. Motivada por impulsos amorosos, ela concordara, como vimos, em desempenhar um papel determinante na fuga de Fabrice.[14] Se tal decisão permitira libertar seu "único amigo", ela igualmente resultara no envenenamento, sem maiores conseqüências, de seu pai, Fabio Conti. Assim, a jovem sensível e devota recorre à religião, fraqueja e arrepende-se, e cai na esfera dos preconceitos. Clélia é, em suma, subjugada por um social que, indiretamente, cobra-lhe o papel filial:

> impregnada dos mais vivos remorsos pelo que sucedeu, não, graças aos céus, com meu consentimento, mas por ocasião de uma idéia que me sobreveio, fiz votos à Virgem Santíssima de que, se meu pai fosse salvo, jamais oporia a mínima recusa às suas ordens; casar-me-ei com o marquês logo que for pedida por ele, e nunca mais o verei ... Deus o salve, e a santa Madona! (p.361[139 e 140])

---

13 Tal frase não nos reenviaria à crônica "Suora Scolastica", no momento em que, surpreendida por religiosas em seu quarto, conversando com Gennarino, Rosalinde exclama: "Mas esse rapaz é meu esposo". Ver a esse respeito o capítulo intitulado "As italianas".
14 "Foi ela quem o salvou!", dissera Sanseverina a propósito do envenenamento da garnição da Torre Farnèse.

Em um movimento de devoção ingênua, expresso pelos "votos" à Madona, Clélia selava seu futuro, afastando-se de Fabrice e casando, pela vontade do pai e em obediência à sua promessa, com o marquês Crescenzi. Fabrice, por sua vez, em razão desse casamento, seguirá a carreira religiosa traçada por Della Rovere. E embora pareça paradoxal, é precisamente graças aos sermões proferidos pelo novo monsenhor del Dongo nas igrejas de Parma que os jovens protagonistas poderão se reencontrar. Nesse momento, Clélia serve-se da religião para satisfazer seus impulsos passionais, ainda que sempre contida e em busca de explicações reconfortantes para seus atos e vontades:

> Haverá algum grande mal, conjeturava, em passar uma hora numa igreja, não para ver Fabrice, mas para ouvir um pregador célebre? Aliás, eu me colocaria longe do púlpito, e só olharia para Fabrice uma vez ao entrar e outra no fim do sermão ... Não, afirmava a si própria, não é Fabrice que eu iria ver, mas sim ouvir o assombroso pregador! Em meio a todos esses raciocínios, a marquesa sentia remorsos; seu comportamento vinha sendo tão belo havia já quatorze meses! Enfim, para dispor de alguma paz consigo própria, admitiu: Se a primeira mulher que chegar aqui esta noite já tiver ouvido Monsignore del Dongo pregar, eu irei também; se não tiver ido, eu me absterei. (p.470-1[II, 250])

Esse reencontro desencadeará a conclusão da *Cartuxa*. Como quase todas as figuras italianas de Stendhal, Clélia Conti guardara intacto seu interesse primeiro, seu amor por Fabrice. É bem verdade que, respondendo à necessidade de um romance que pretende, ainda uma vez, comprovar que os heróis stendhalianos empregam suas forças até a morte – morte que é repúdio de tudo o que é antinatural, restritivo e opressor –, a protagonista parece manter-se presa ao voto feito à "Virgem Santíssima". Em meio a um profundo embate íntimo, a um só tempo fiel a Ela e ao "amigo de seu coração", Clélia não recebia Fabrice senão à noite e sempre protegida pela penumbra – "fiz promessa à Madona, como sabes, de nunca mais te ver; é por isso que te recebo nesta obscuridade profunda" (p.474). Contudo,

> após aqueles três anos de felicidade divina, a alma de Fabrice teve um capricho de ternura que acabou transformando tudo. A marquesa

tinha um encantador menino de dois anos, *Sandrino*, que era a alegria de sua mãe; estava sempre com ela, ou nos joelhos do marquês Crescenzi; Fabrice, pelo contrário, não o via quase nunca; não quis que ele se acostumasse a amar com ternura outro pai. Concebeu o projeto de raptar o menino antes que suas lembranças se tornassem bem nítidas. (p.475[II, 254])

Sentindo que Fabrice tinha uma certa razão em desejar permanecer com o filho de ambos, Clélia concorda em simular uma doença para a criança que, piorando a cada dia, acabaria morrendo "durante uma ausência do marquês Crescenzi". Somente assim o seqüestro poderia ser ocultado de todos. O expediente, como assinala a voz narrativa, "tinha alguma coisa de augúrio sinistro": "o menino, retido mais tempo na cama do que sua saúde permitia, acabou realmente adoecendo" e "morreu alguns meses depois" (ibidem, p.478-9). É nesse instante que a Clélia temente a Deus reassume seu lugar, impondo um fim compulsório a toda sua manifestação passional. Não há, pois, outra saída senão a morte, ao mesmo tempo trágica e terna, para essa italiana que com freqüência cedia a impulsos e ações impregnadas, ora de virtude natural ora de lancinantes remorsos:

> Clélia compenetrou-se de que fora ferida por uma punição justa decorrente da falta de cumprimento de seu voto à Madona: tinha visto diversas vezes Fabrice no aposento iluminado e até mesmo duas vezes em pleno dia, não raro com transportes terníssimos, durante a enfermidade de Sandrino! Apenas sobreviveu alguns meses àquele filho tão querido, mas teve a doçura de morrer nos braços de seu amigo. (p.479[II, 258])

Desenhados seus perfis femininos, restava ainda o esboço da personalidade de um indivíduo que atuaria como paradigma de um natural adaptado, por assim dizer, às circunstâncias e às necessidades sociopolíticas. Em Mosca della Rovere conjugam-se sabedoria e paixão. Em sua maturidade, o conde della Rovere parece reunir aquele particular heroísmo que sobretudo distinguia Fabrice e Sanseverina: homem hábil, experiente e astuto no manipular das intrincadas tramas políticas do reino de Parma, ele mostra-se igualmente voltado à paixão. Sua posição de ministro junto ao príncipe Ranuce-

Ernest IV não o transforma em uma figura que se sobressai pelos gestos mundanos ou pela dissimulação. Ao contrário, apesar de semelhante função na corte, ele permanece pleno de espontaneidade:

> A franqueza, a *disinvoltura* com que o ministro falava dum príncipe tão temido excitaram a curiosidade da condessa; imaginara encontrar um pedante cheio de importância, e agora via um homem que sentia pejo da gravidade do seu posto. (p.91[I, 136])

Ainda em outra passagem, Sanseverina comprova essa mesma simplicidade: "a falta total de imponência num homem que passava por ser o primeiro diplomata da Itália parecia singular à condessa, achava mesmo que ele possuía graça" (p.97[I, 142]).[15] Essa ausência de afetação é ainda acompanhada de um traço de caráter recorrente a todos os protagonistas da intriga: a dedicação, o desprendimento e a generosidade em direção ao outro. O "franco" Della Rovere chega mesmo a se dispor a abandonar cargo e privilégios para se dedicar exclusivamente a Sanseverina: "Foi, portanto, com a mais perfeita simplicidade que Mosca disse à mulher que adorava ... – Demito-me e vamos viver como bons burgueses em Milão, em Florença, em Nápoles, onde quiser" (p.101[I, 147]).

Em Della Rovere, o movimento do coração dirige-se a Sanseverina – "eu lutaria vinte vezes por ela, dizia-se o conde com emoção" (p.96) – e a Fabrice, pois compreendera que a felicidade de sua futura esposa dependia inseparavelmente daquela do jovem *marchesino*. Assim, não será surpreendente se, ao final da intriga, Della Rovere afeiçoar-se a Fabrice, dominado quiçá por um sentimento de "paternidade frustrada" (cf. Dédéyan, 1963, p.139).

Importa ainda observar que, se esse equilibrado conde deixa-se perturbar em determinado momento da intriga por sentimentos menores – o ciúme, por exemplo –, a torpeza e a mesquinharia nunca o envolvem. Paradigmática a esse respeito a ameaça feita a Rassi a fim de obter a liberdade de Fabrice que é, em última instância, seu rival ao amor de Sanseverina:

---

15 Esclareça-se: a condessa a que essas duas passagens fazem referência não é outra senão Gina: condessa Pietranera e, em seguida, duquesa de Sanseverina.

minhas primeiras palavras a Rassi foram estas: Preciso da sentença lavrada contra o senhor del Dongo, e de todas as cópias que se possam encontrar; diga a todos esses juízes iníquos, que são a causa dessa revolta, que os mandarei enforcar ... e seu fim será idêntico, prezado amigo, caso venha a transpirar uma única palavra dessa sentença que jamais existiu. (p.391[II, 170])

Della Rovere parece ter percebido que a tranqüilidade do grupo a que pertence, assim como sua própria honra passional, depende de sua ação ponderada, de sua sabedoria, experiência e maturidade. Quando imagina entrever arrebatamentos amorosos entre Sanseverina e Fabrice, o desespero toma conta de si, mas não o suficiente para dominar outro sentimento mais próprio a seu caráter, a prudência, naquilo que ela tem de virtuoso, busca constante do bem e da justiça:

decerto não passo dum louco; acreditando raciocinar, não raciocino; volto-me apenas a fim de conseguir uma posição menos cruel; passo ao lado de alguma razão decisiva, sem vê-la. Visto que estou cego por causa da dor excessiva, sigamos essa regra aprovada por todas as pessoas sábias e que se chama *prudência*. (p.135[I, 183])

O que se prenuncia aqui é uma discussão mental, um diálogo íntimo que significa uma espécie de desdobramento da reflexão: "o ser pensante vê o ser que age, que frui, e estes dois seres se recombinam, para novamente se separar, com um virtuosidade surpreendente. O exame da própria reflexão segue o exame do ato, e toda a vida mental se anima nesta consideração exterior" (Sabatier, 1973, p.87).[16]

Enfim, Stendhal talvez buscasse esboçar nessa personagem as prováveis conseqüências e futuros desdobramentos de um natural que viesse a sobreviver. Com esse italiano maduro, de espírito sagaz, atinge-se o modelo de homem a um só tempo astuto e sentimental,

---

16 Esse diálogo interior se manifesta quando Mosca reflete sobre seus primeiros impulsos amorosos por Sanseverina: "Engraçado, isto! considerou, rindo de si próprio, e parando na escada. Trata-se dum movimento de timidez autêntica. Havia bem vinte e cinco anos que semelhante aventura não me acontecia" (Stendhal, 1949, p.96[I, 142]).

em uma espécie de forma ideal para a qual evoluiria não apenas Fabrice, mas todas as suas personagens. Sua posição sábia diante das coisas do mundo e do amor o transforma em um ser que não é "enganável", mas que até o fim pretende buscar o amor e a felicidade (cf. Dédéyan, 1963, p.62).

11 NATURAL E SOCIAL. DA ESTÉTICA DA EXCEPCIONALIDADE

"Procura ganhar dinheiro com um trabalho que te torne útil à sociedade."

(Stendhal, *La chartreuse de Parme*)

A crítica stendhaliana costuma ler *A cartuxa de Parma* como um romance acerca da felicidade e de sua busca; "romance sublime"[1] que eleva ao paroxismo todos aqueles arquétipos apresentados ao longo das *Crônicas italianas*. Entretanto, poucos são os trabalhos que, de modo sistemático, discutem um motivo relevante, ainda em esboço é verdade, presente nesse derradeiro romance de Stendhal: a conciliação entre o natural e o social. Ao contrário do que se nota nas *Crônicas*, em que a ruptura entre naturalidade e sociabilidade mostra-se definitiva e intransponível, em que as individualidades de exceção atuam solitárias no interior de uma estrutura medíocre e repressiva, a narrativa e a intriga da *Cartuxa* pretendem esboçar uma certa continuidade entre esses dois registros tão dessemelhantes.

Além da energia que impulsiona Fabrice à ação, outra dimensão da poética stendhaliana faz sua entrada nessa intriga: atraídos pela ingenuidade e naturalidade do protagonista, as demais personagens

---

[1] Segundo a expressão de Roger Francillon in "Mais où sont donc passés les millions de la Sanseverina?" in *Etudes de Lettres*, 1984, p.79.

tecem a seu redor toda uma rede de afeição e de simpatia. Percorrendo um universo marcado pela hipocrisia, ambição e afetação – elementos particulares ao ser antinatural –, Fabrice consegue, mesmo assim, atrair os olhares daqueles que, de um modo ou de outro, pactuam com o código social. Semelhante atitude, por paradoxal que pareça, corresponde acima de tudo à dialética beylista, em que o todo é feito de embates, de choques e, ao mesmo tempo, de tranqüilidade, em uma tentativa de completude incessante.

É segundo essa coordenada que o episódio de Waterloo deve ser lido. Perdido em meio à batalha nos campos flamengos, sedento de ação, movimento e luta, o jovem herói receberá, inicialmente, ajuda de uma simples vivandeira que, à sua ingenuidade, acrescentará uma certa dose de experiência e malícia. Sem elas, Fabrice se faria "tapear rapidamente, tão certo quanto Deus existe" (Stendhal, 1949, p.37). O que se anuncia aqui é uma relação social que, de balizada pela intriga e corrupção, cede ao natural, nos registros de um desinteressado desprendimento: " – Preciso deixar-te, meu garoto – disse a vivandeira ao nosso herói. – Mas na verdade me causas pena; sinto amizade por ti, valha-me Deus! Não sabes absolutamente nada" (ibidem, p.36-7[I, 72]).

A simpatia que Fabrice desperta na vivandeira é apreendida pelo tom perfeitamente amigável, dir-se-ia mesmo maternal, com que essa se expressa. A situação é exemplar, pois Fabrice aparece no esplendor de sua energia ingênua e passional, desprovido como está de qualquer conhecimento do mundo e das coisas que o cercam. A temporária companheira do herói, de fugaz passagem pela intriga é, em contrapartida, sábia e astuta, experiente e generosa, quase que oráculo de vida:

> – Até dá pena ver semelhante coisa! – exclamou aquela mulher. – O pobre garoto nem sequer sabe gastar seu dinheiro! Bem merecias que após haver gadunhado teu napoleão eu mandasse a *Cocotte* abalar num trote vistoso. Raios me partam se teu sendeiro conseguisse seguir-me. Que farias tu, basbaque, vendo-me zarpar? Aprende de uma vez para sempre que, quando o "brutal" ronca, não se mostra o ouro de forma alguma. Ora muito bem; aqui estão dezoito francos e cinqüenta cêntimos, teu almoço te custa trinta *sous*. Outra coisa, agora: vamos ter em breve cavalos à venda. Se o animal for pequeno, darás por ele dez francos e, em qualquer outra hipótese, nunca mais de vinte francos. (p.36[I, 71-2])

Sua passagem pela intriga, embora breve, reforça aquele movimento que impulsiona o natural, ainda que inconscientemente, à procura de apoio para seu desabrochar e desenvolvimento. Fabrice, em particular, busca febrilmente o reconhecimento e a amizade de seus fortuitos companheiros de armas no exército napoleônico. Para sentir-se verdadeiramente homem de ação, um "verdadeiro militar", como ele mesmo assinala, é necessário ser visto como tal, participar dessa comunidade de homens liderada por criaturas que não são simples soldados, mas, antes, excelsos guerreiros, como o "famoso marechal Ney, o bravo dos bravos" (p.42). De que modo, então, deveríamos compreender a felicidade do herói, coração de "contextura muito fina" (*"fabrique trop fine"*), ao receber os cumprimentos da tropa após lhe ter oferecido bebida?:

> O quartel-mestre bradou: – Ah! Trazes bebida pra gente! Foi para isso que desertaste? Passa a garrafa, vamos. A garrafa circulou; o último a empunhá-la atirou-a para o ar depois que se serviu. – Obrigado, camarada! – disse alto para Fabrice. E todos os demais o olharam com afabilidade. O olhar daquela gente tirou um peso de cem libras de cima do coração de Fabrice: era um desses corações de contextura muito fina carecendo sempre da amizade de quantos o cercam. Finalmente, já não era malvisto pelos companheiros, estabeleciam-se ligações! (p.45[I, 82])

A mesma compulsão amigável manifestada pela vivandeira e pelos soldados reaparecerá nas figuras do carcereiro e do marceneiro a serviço da prisão da Torre Farnèse. Assim como os demais responsáveis pelo novo e jovem cativo de Farnèse, que viam na sua fisionomia um "ar de bom menino" (p.295), Grillo o "olhava sempre com olhos bastante amáveis" (ibidem). Sua discreta e velada simpatia o levará a infringir a lei do cárcere, entregando um "pesado pacote" em que Clélia advertia Fabrice sobre os perigos que sua vida enfrentaria:

> No dia seguinte, bem antes do amanhecer, Grillo entrou na cela de Fabrice e aí depôs um embrulho bem pesado, desaparecendo sem dizer palavra. Esse embrulho continha um pão bastante grande, guarnecido de todos os lados com pequenas cruzes traçadas a pena ... finalmente, Fabrice encontrou um belo breviário, todo novo. Certa mão, cuja letra ele principiava a conhecer, traçara estas palavras na mar-

gem: *O veneno!* Tomar cuidado com a água, com o vinho, com tudo! ... Nada de desatinos, pelo amor de Deus. Nada de leviandades! (p.317[II, 96-7])

O marceneiro da cidadela, por sua vez, encarregado de "colocar diante da janela de Fabrice dois enormes anteparos que deixariam apenas entrever o céu" (p.301), assim interditando ao jovem prisioneiro a visão de Clélia e seus pássaros, mostra-se igualmente atencioso: "Falar era estreitamente proibido ao marceneiro como aos guardas, porém aquele homem sentiu pena da mocidade do prisioneiro" (p.297[II, 77]).

Movido por essa mesma compaixão, o marceneiro tentará entregar a Fabrice não apenas um livro de preces, mas um pássaro, para "distraí-lo":

> – Estou cometendo ao mesmo tempo duas faltas – comentou aquele homem; – falo com Vossa Excelência e aceito dinheiro. Depois de amanhã, quando eu voltar para pôr o anteparo, trarei no bolso um passarinho e, caso eu não esteja sozinho, fingirei que ele fugiu do meu bolso; se puder, trarei também um livro de orações; o senhor deve sofrer muito por não poder rezar seus ofícios. (p.298[II,78])

Assim, se deseja triunfar sobre os obstáculos e sobre os inimigos, Fabrice deve contar não apenas com sua naturalidade e sua energia, mas igualmente com a ajuda e admiração despertadas junto a outras personagens. Nesse sentido, a arte de viver que se delineia na *Cartuxa* originar-se-ia na noção de altruísmo: há uma convergência e uma comunhão de interesses que, embora diversos em suas fontes e atitudes, dizem sempre respeito à felicidade do Outro.[2] É evidente que para o protagonista da intriga a solução e escolha mais fáceis seriam a independência, a recusa pura e simples de qualquer contato com o social. Contudo, o herói stendhaliano parece optar pelo choque e pela luta contra as ambições e hipocrisias mais amplas, atraindo para si a um tempo ódio e inveja, afeição e apoio.

---

2 Tal preocupação com o outro reenviaria igualmente ao sublime, visto que na *Cartuxa* ele assume um valor moral e heróico, converte-se em "uma capacidade de generosidade que é inicialmente uma capacidade de conceber o ato virtuoso" (Crouzet, 1983b, p.224).

À diferença do Rousseau do *Discurso sobre as origens da desigualdade entre os homens*, em que o social contribui apenas com elementos negativos e corruptores, a ética stendhaliana presente na *Cartuxa* – o que de certa forma marcaria um ponto de inflexão, diferenciando-a daquela das *Crônicas italianas* – parece supor a existência de uma sociedade em que ao mecanismo social se integraria, e não harmoniosamente, um componente virtuoso, amoroso mesmo.[3] Ambos conviveriam e buscariam uma relação suportável e, se possível, procurariam a própria correção do social. Tal atitude comprova a tendência do italiano à virtude, sobretudo em razão de seu afastamento do universo da plena satisfação social – paradigmaticamente representado pela sociedade francesa.

As individualidades que percorrem o universo italiano de Stendhal são eminentemente movidas pelo *pathos*, por um impulso passional, aquele que faz, por exemplo, um Fabrice del Dongo agir. Entretanto, a ética beylista apresenta aqui uma nova coordenada: ao inserir nesse seu último romance personagens que participam da vida e dos códigos sociais em virtude de suas funções mas que nem por isso deixam de demonstrar movimentos sinceros de generosidade, ela pretenderia justamente corrigir o social por aquele elemento passional, isto é, por meio da busca de uma convivência entre universos distintos.

É precisamente nesse sentido que seria possível concordar com a afirmativa de Michel Crouzet: assistir-se-ia na *Cartuxa* a uma correção do *ethos* pelo *pathos*. Ora, essa reorientação da ética do romancista assume aspectos exemplares nas passagens em que Mosca della Rovere e Sanseverina discutem acerca da carreira eclesiástica de Fabrice. Transformar o jovem protagonista em monse-

---

3   Ainda segundo Michel Crouzet (1983b, p.195), semelhante integração seria resultado de uma necessidade de simpatia: "O *sentimento* ou o *pathos* deve aparentar-se a um ato de ternura ou de amor, implicar um prazer de amar plenamente positivo, uma intenção de aderir e de comungar. Simpatia supõe sermos *com*, sermos *como* outro". Com relação às *Crônicas italianas*, seria primordial assinalar que a "simpatia" assim definida se faria ausente do universo das novelas, ou, na pior das hipóteses, apenas se estabeleceria entre as personagens que compartilhassem da mesma excepcionalidade de caráter. De todo modo, o *ethos* não interfere nunca junto à realidade descrita por Stendhal em suas "histórias italianas".

nhor significa instruí-lo na aquisição de maior experiência, oferecer-lhe um instrumento de autoconhecimento, de enfrentamento da sociedade e, igualmente, procurar-lhe, por paradoxal que possa parecer, caminhos de aceitação por esse mesmo social.[4] Mas a todos os elementos predeterminados e constitutivos da posição a assumir, Fabrice aliará suas virtudes:

> Esses senhores fundamentam-se preliminarmente nas suas virtudes... e, em seguida, no fato de ser sobrinho-neto do célebre arcebispo Ascânio del Dongo. Quando me inteirei do respeito que eles sentiam por suas virtudes, imediatamente nomeei capitão o sobrinho do mais antigo dos vigários-gerais. (p.169-70[I, 219])[5]

Na verdade, ao estabelecer um acordo tácito entre a naturalidade do herói e a sociedade, indiretamente prefigurada pela religião, Stendhal aludiria menos à função e mais ao símbolo que o novo cargo de Fabrice ostentaria: assumindo as vestes eclesiásticas, o virtuoso *marchesino* não faz senão classificar e nomear socialmente características que já possuía, e assegurar à "pureza perfeita de seus hábitos" (p.458) as obrigações religiosas, como bem explicam Della Rovere a Sanseverina: "– Note – retorquiu ele – que não pretendo fazer de Fabrice um padre exemplar, conforme se vêem tantos. Não; trata-se dum grande senhor, antes de tudo" (p.114[I, 161]).

De fato, Fabrice, doravante monsenhor, continuará sendo, como convém a um homem de sua linhagem e a um perfeito arquétipo da italianidade, "um grande senhor, nobre, generoso, protetor da justiça, destinado de antemão a assumir a chefia da sua ordem..." (p.115[I, 163]).

A convivência entre os registros do natural e do social atingirá sua mais alta expressão no momento em que o novo monsenhor da corte de Parma resolver pregar nas igrejas da cidade. A partir de então todo um entusiasmo crescente e às portas da comoção emerge,

---

4 Lembremos que Della Rovere igualmente pretendia com essa nomeação livrar Fabrice das perseguições a ele impostas em decorrência de seu engajamento no exército napoleônico e pelo assassinato de Gilletti.
5 Esses "senhores" representam, é evidente, as autoridades religiosas de Parma.

ao sabor dos sermões, em indivíduos sem qualidades. Ao menos nos limites geográficos de uma igreja, eles esquecem-se de suas máscaras e dissimulações, de seus próprios papéis na sociedade e abandonam-se, por um efêmero instante, à simples e pura sensação: uma única lágrima nos olhos do melancólico monsenhor e a igreja foi invadida por um

> soluço geral e tão ruidoso, que o sermão ficou completamente interrompido. E dez outras interrupções se seguiram a esta; davam gritos de admiração, havia lampejos de pranto. A cada instante se ouviam gritos assim: Ah! Santa Madona! Ah! Grande Deus! A emoção era tão geral e tão invencível naquele público de escol, que ninguém sentia vergonha de dar gritos, e as pessoas que a isto eram arrastadas não pareciam ridículas a seus vizinhos. (p.462[II, 240])

Homens e, em especial, mulheres deixam-se envolver por esse jovem singular, acorrem às igrejas em que ele prega, ocupam-nas inteiramente:

> sua figura fascinante e os comentários sobre o alto prestígio que desfrutava na corte, [extasiaram] todos os corações de mulher. Elas inventaram que ele tinha sido um dos mais bravos capitães do exército de Napoleão. Em breve esse fato absurdo esteve fora de dúvida. Mandavam reservar lugares nas igrejas onde ele devia pregar; os pobres estabeleciam-se ali, por especulação, desde as cinco horas da manhã. (p.458[II, 237])

Para Fabrice, seus sermões e seu talento oratório[6] apresentam igualmente um interesse amoroso: mediante seu sucesso, que transporia todos os limites, ele pretendia fazer que Clélia Conti, então marquesa Crescenzi, se sentisse compelida a comparecer a algumas de suas pregações:

> O êxito foi tamanho que Fabrice teve por fim a idéia, que transformou toda a sua alma, de que, nem que fosse por simples curiosidade, a marquesa Crescenzi poderia muito bem um dia vir assistir a um de seus sermões. (p.459[II, 237])

---

6 O sucesso de Fabrice advém não apenas de seus discursos repletos de "um perfume de tristeza profunda", mas igualmente de "sua magreza e seu hábito surrado".

Ora, tal atitude explicita ainda uma vez os movimentos passionais de um coração que parece não dar importância ao jogo das aparências tramado a seu redor. Assim como seus irmãos das *Crônicas italianas*, ele não reexamina sua conduta e valores. Entretanto, e à diferença do que ocorria com as personagens das historietas, a singularidade desse caráter parece finalmente reconhecida e aceita pela sociedade de Parma. Se toda a corte de Ranuce-Ernest V, sucessor de Ernest IV, se precipita a seus sermões – "Fabrice ficou agradavelmente surpreendido ao ver todas as cadeiras ocupadas por gente moça em voga e por personalidades da mais alta distinção" (p.461[II, 239]) – é porque o social outorga direitos ao natural, à espontaneidade e ao passional, venerando-os mesmo. Acaso não seria uma prova dessa veneração o fato de toda a sociedade de Parma sentir-se compadecida com este "triste orador"?

> Algumas frases de desculpa deram início à sua prédica e foram recebidas com gritos comprimidos de admiração. Veio em seguida a descrição apaixonada dum infeliz do qual se deve ter piedade a fim de se honrar condignamente a *Madona da Piedade*, visto que ela própria tanto sofreu nesta terra. O orador estava emocionadíssimo; momentos houve em que ele mal podia pronunciar as palavras de modo a ser ouvido de todas as partes daquela pequena igreja. Aos olhos de todas as mulheres e de bom número de homens, ele próprio tinha aspecto do desgraçado do qual se deve ter piedade, tão extrema era a sua palidez ... notava-se-lhe naquela noite uma tristeza mais profunda e mais terna do que de hábito. (p.461[II, 240])[7]

O novo monsenhor del Dongo passa a ser admirado por sua emoção e sua paixão, que o conduzem a uma oratória rica em inspiração, capaz de comover as almas menos sensíveis: "[ele] se permitia imagens cuja ousadia faria fremir os oradores mais exercita-

---

7 Tal veneração também é manifestada pelo próprio príncipe de Parma – "o príncipe tem por você uma grande veneração" –, o que comprovaria a coexistência entre um universo de intrigas, tal qual se apresentava na corte sob o reinado de Ranuce-Ernest V, e o mundo do natural expresso na figura de Fabrice: "O silêncio habitual em que, por tédio pela vida, Fabrice se fechava sempre, exceto no exercício de suas funções e na corte, conjuntamente com a pureza perfeita de seus costumes, lhe criara uma veneração ... extraordinária" (Stendhal, 1949, p.458[II, 236]).

dos; às vezes, esquecendo-se de si mesmo,[8] se entregava a momentos de inspiração apaixonada, e todo o auditório rompia em lágrimas" (p.459[II, 237]).

Desse modo, se a corte de Parma acorre em massa aos locais de pregação de Fabrice é porque a sociedade real, corrompida e desvirtuada por elementos que privilegiam a dissimulação possui, ela também, um anseio e mesmo uma nostalgia do natural.[9] Esta sociedade, em sua busca constante de heróis, finalmente os encontra na figura do *marchesino* feito monsenhor. De fato, do mesmo modo que o natural do protagonista necessitava, para desabrochar e se fortalecer, das individualidades hipócritas, afetadas e desprovidas de virtude, a estas também um Fabrice é indispensável, pois a energia e o natural parecem ser "uma exigência da condição humana" (Marill-Albérès, 1952, p.402).

Para acentuar ainda mais essa comunhão entre social e natural, a narrativa recorre a uma coordenada que já se fizera presente na crônica "Os Cenci": a componente estética, quase pictural, desse específico instante da intriga romanesca. Elemento cênico, os sermões de Fabrice sobem ao palco, dominam a cena, transformam-se em espetáculo: a igreja da Visitação, por exemplo, fora adornada por "uma quantidade enorme de velas" e "este espetáculo de iluminação" (Stendhal, 1949, p.461[II, 238 e 239]) terminara por preenchê-la totalmente. Motivada pelas predicações "sublimes de Fabrice" – "o homem mais eloqüente" que surgira nos púlpitos de Parma – a emoção substitui-se à dissimulação, mesmo que por um único instante, efêmero e fugidio:

> – Meus irmãos – disse – uma alma desgraçada e bem digna de toda a vossa piedade vos exorta a orar pelo fim de seus tormentos, que só cessarão com a sua vida. Em seguida, Fabrice leu muito devagar o trecho do seu papel; mas era tal a expressão de sua voz que antes do meio da oração todo mundo chorava. (p.473[II, 252])

---

8 E seria importante reafirmar que essa é uma das grandes características do italiano de Stendhal, que se deixa conduzir pela emoção até o abandono de si mesmo, sem se apegar aos modos sociais. Em outras palavras, o que importa é o livre curso da fruição sensitiva.

9 A se consultar todo o texto já citado de Francine Marill-Albérès (1952).

Por meio, então, desses discursos, todos aqueles que não podem ostentar uma vida espiritual e virtuosa acederiam ao natural, ao mito perdido da naturalidade. Se a ética beylista adquire nesse instante um sentido estético, tal ocorre porque, graças à mediação da arte, o romancista parece ter alcançado a perfeição ontológica tão almejada para toda a espécie humana. Em uma provável tentativa de corrigir o homem, de conduzi-lo a todas aquelas qualidades que compuseram sua concepção de humanidade e que se explicitaram no interior de sua produção romanesca, sobretudo nas *Crônicas italianas* e em *A cartuxa de Parma*, como a pretender imageticamente coroar sua casuística, Stendhal faz que toda a cidade de Parma chore nas igrejas onde prega o herói do natural.[10]

---

10 Como pretende Francine Marill-Albérès (1952).

CONCLUSÃO

Pierre Sabatier (1973, p.118), em *Esquisse de la morale de Stendhal*, define de forma precisa e clara a espiritualidade beylista:

> Em razão de seu ódio dos preconceitos, das idéias vulgares, o beylismo sempre atraíra todos os originais, todos aqueles que não puderam se adaptar às condições comuns e que permaneceram à margem da classe social por razões diversas, todos aqueles que se sentem oprimidos e esmagados pelo mundo. Sem poder manifestar sua força, se outros são mais poderosos que eles, amaldiçoarão, como Julien, uma organização que os mata e que oferece à massa um poder do qual se acreditavam dignos.

Embora Sabatier tome como exemplo Julien Sorel, seria injusto e desleal ao beylismo – naquilo que ele apresenta de recusa do normativo, de repulsa das conveniências sociais que impõem à condição humana severas limitações – não completar a afirmativa do crítico literário citando as personagens das *Crônicas italianas* e de *A cartuxa de Parma*. Se em Julien a dissimulação e a hipocrisia escondiam e protegiam o natural, representado nesse caso em seu aspecto virtual, as individualidades do universo renascentista – tal qual o autor o compreendera –, à semelhança de seus descendentes oitocentistas e setecentistas, ostentam abertamente sua vontade e paixão, sua espontaneidade e virtude. Como se observou nas páginas anteriores, esses elementos constitutivos de um caráter perfeito possuem em seu substrato a energia e o natural, que servem como orientação determinante e imprescindível para uma viagem ao ideal de uma Itália redentora.

Partindo da hipótese de que as *Crônicas italianas* atuam como laboratório de todos os temas referentes à ética beylista acerca do natural, elevada à perfeição em *A cartuxa de Parma*, as novelas foram escolhidas como um grande e rico mostruário de figuras e espaços que terminariam por explicitar, de modo romanesco, as descobertas e aquisições do homem Beyle, um dia embaixador em Civita-Vecchia, e outro, turista a contemplar a arte e os costumes peninsulares. Suas viagens e estadas em terras itálicas muito se uniram a uma certa poética – busca da expressão e da expressividade –, da mesma forma que suas produções literárias do ciclo italiano, e não apenas de sua obra romanesca – a se pensar em *Rome, Naples et Florence* e *Promenades dans Rome* –, relacionavam-se a uma viagem em um tempo e lugar específicos. De modo que, no interior das novelas e da *Cartuxa*, confundem-se real e imaginário, história e literatura. Ao tentar examinar, compreender e representar uma época, sempre em contraposição à sua especificidade histórica, isto é, ao universo francês de princípios do século XIX por meio de seus contornos e acessórios e, acima de tudo, pela vida interior, pelos movimentos do coração e do espírito,[1] Stendhal construía sua moral particular, mais tarde denominada beylismo. Ou, como quer Charles Dédéyan em *L'Italie dans l'oeuvre romanesque de Stendhal*, o culto da Energia.

A Itália adapta-se coerentemente a essa inclinação ética pessoal, a essa energia, pois que seus costumes são responsáveis pela formação de grandes personalidades, que atingirão o estatuto do heróico junto às figuras romanescas. Para se aceder não apenas aos costumes e modos italianos – em muito distantes do espírito de galantaria –, mas também ao italiano, nada mais próprio que a leitura das *Crônicas italianas*. Deixemos, então, o próprio romancista assinalar: "Embora o amor desempenhe ali um grande papel, essas historietas, aos olhos do homem de espírito, seriam o útil complemento da

---

1 Segundo o próprio romancista, "conhecer os homens, julgar sadiamente os acontecimentos, eis um grande passo dado em direção à felicidade" (Stendhal, *Journal*, apud Bosselaers, 1975, p.10).

história da Itália. Eis aí costumes que deram nascimento aos Rafael e aos Miguel Ângelo" (Stendhal, 1952a, p.531). E foram esses costumes que deram vida a Jules Branciforte, a Félize degli Almieri e a Fabrice del Dongo, para citarmos apenas três dentre tantas personagens stendhalianas de origem puramente peninsular.

O percurso aqui realizado permitiu concluir que, das oito novelas, cinco são aquelas realmente paradigmáticas da noção de italianidade: "A abadessa de Castro", "Muito prestígio mata", "Suora Scolastica", "Os Cenci" e "Vanina Vanini". A mais longa e elaborada delas, a "A abadessa de Castro", vê emergir personagens que, impregnadas das maiores virtudes stendhalianas, imprimem a todos os seus atos, com perseverança de espírito e vivacidade de alma, a máxima energia, em um movimento que pretende, acima de tudo, transformar o homem em uma fonte inesgotável de potencialidades, recuperando-lhe a vida e a natureza. Se ao lado de Jules Branciforte agem os *"brigands"* – como mais tarde agirão os carbonaros em "Vanina Vanini" –, esse fato nada mais faz senão explicitar o ser italiano, indivíduo passional, heróico, amoroso e justiceiro (justiça que se insere nos quadros de uma defesa pessoal e fruição individual), que luta por moldar o mundo à sua maneira, que procura um lugar para si entre a comunidade desigual dos homens. O italiano de Stendhal deve ser um forte – embora nem sempre tal força se traduza em vitórias –, uma individualidade que assuma a responsabilidade por seu futuro e destino, por mais negativo e repleto de dramaticidade que possam vir a ser (e como freqüentemente o são):

> Não te dei face, nem lugar que te seja próprio, nem dom algum que te faça particular, ó Adão, a fim de que tua face, teu lugar e teus dons, tu os desveles, conquistes e possuas por ti mesmo. Natureza definida de outras espécies por mim estabelecidas. Mas tu, que nenhum confim delimita, por teu próprio arbítrio, entre as mãos daquele que te colocou, tu te defines a ti mesmo. Te pus no mundo, a fim de que possas contemplar o que contém o mundo. Não te fiz celeste nem terrestre, mortal ou imortal, a fim de que tu mesmo, livremente, à maneira de um bom pintor ou de um hábil escultor, descubras tua própria face. (Mirandola, 1981, p.12)

À semelhança do *homo faber* renascentista, tão claramente expresso pelos dizeres de um pensador humanista como Pico della

Mirandola, o ser stendhaliano – e não nos esqueçamos de que grande parte das *Crônicas italianas* tem seu cenário locado no século XVI – desfruta de uma certa autonomia moral perante o mundo imanente na medida em que reconhece o valor de sua ação transformadora. Ora, essa busca do Eu completo, da consciência interior, sem, porém, excluir o desprendimento e interesse em relação ao outro, contanto que este compartilhe de anseios e posturas existenciais comuns, ultrapassa os limites impenetráveis da floresta de Faggiola e do Convento da Visitação; propaga-se por todas as cortes, conventos e localidades históricos, e ao mesmo tempo fictícios ou romanescos em virtude da mediação dos signos e modulações temáticos;[2] atinge, enfim, todas os personagens dotadas de energia. Naturais.

Em um espaço geográfico de fronteiras bem estabelecidas, atuando no imaginário e no presente das novelas como um elemento desagregador e desencadeador de energia, mulheres e homens experimentam impor-se a um mundo corrosivo, fazendo uso unicamente de suas virtudes que são, segundo Stendhal, primitivas, isto é, primeiras, porque unidas à essência original e pura da condição humana e em cuja base reside a ação. Dessa forma, o fato de jovens mulheres e temerários heróis conturbarem e perverterem a ordem normativa, ou mais particularmente a ordem religiosa e familial, transformando-a em um universo mais aberto à exterioridade e às sensações, vem justamente corresponder àquela necessidade que o indivíduo stendhaliano possui em se constituir como liberdade: o ser é o querer ser. O universo feminino instaurará uma ordem alternativa àquela imposta por familiares e religiosas beneditinas, o mundo do masculino pegará em armas, empunhará sabres ou, simplesmente, usará de sua coragem e desejo para saltar e demolir muralhas, penetrar em fortalezas que lhe são interditas.

Os heróis das novelas se vêem auxiliados, e amados, por mulheres que, simultaneamente, encontram sua outra parte. Ambos se reconhecem e reconhecem seus valores nas figuras ousadas e passionais de seus jovens amantes: Hélène e Jules, Rosalinde e Gen-

---

2   Manuscritos italianos e texto stendhaliano confundem-se a tal ponto que é difícil perceber onde se inicia a história e onde começa a literatura da história.

narino, Vanina e Missirilli e outros casais amorosos que se formam ao longo das *Crônicas* são a mais pura expressão de nobreza, indivíduos nobres que "se elevam acima dos demais pela força de seu desejo" (cf. Giard, 1961, p.139). Eles declararam guerra a um social que a todo custo pretende macular sua honra heróica, que tenta desvirtuá-los, corrompê-los ou destruí-los. Stendhal insere suas personagens no interior de uma estrutura desleal, hierarquizada (e hierarquizante), autoritária, que separa seres singulares por distâncias inimagináveis e praticamente intransponíveis. Em meio a um incessante conflito, a um forte dualismo, exigem-se determinação e persistência. A dúvida não significa nada além de perdição e queda no vazio, como tão bem comprova o caso de Hélène de Campireali: em virtude de um único instante de hesitação, ela responsabiliza-se por sangue versado, colabora no afastamento da energia e da paixão e, por fim, já sem outro caminho a seguir, causa a própria morte.

Morte que é motivo recorrente ao longo das *Crônicas*, que traduz o *élan* apaixonado e impulsivo do italiano em um movimento de nervos e sentidos, em uma demonstração de força pura. Morte que é igualmente consolo, refúgio, instante último de paz e virtudes reencontradas. O italiano não teme a morte. Ela é sua companheira diária, invisível, onipresente, nunca frágil. A morte que um Fabrice del Dongo pensa enfrentar com sua ação, espiritualidade e destreza.

O jovem *marchesino*, Sanseverina, Clélia e Della Rovere revivem com a mesma energia todas as virtudes e virtualidades antes manifestas em seus ancestrais quinhentistas e setecentistas. É em *A cartuxa de Parma* que Stendhal encontra a forma mais acabada de natural, a energia mais exuberante, porque em seu interior se mesclam delicadas sensações e poderosos desejos. É também na *Cartuxa* que a ética do natural atinge seus momentos de expressão mais cuidados, na busca de uma linguagem que não comprometa a comunicação entre as personagens apaixonadas.[3] Nesse sentido, se no interior das novelas se notara a importância conferida à simbologia ou à semiologia – e a comunicação entre Jules e Hélène é exemplar a esse respeito –, no universo da corte de Parma os signos

---

3 E paixão aqui não diz apenas respeito ao domínio do amoroso, como convém reafirmar.

relativos sobretudo ao espaço da natureza unem-se definitivamente, e de maneira ainda mais explícita, ao desabrochar e ao manifestar de uma alma espontânea e ingênua, forte conquanto desprovida dos instrumentais de poder e dominação a serviço daqueles que pactuam com o social. Fabrice parece fazer-se ainda mais vigoroso, porque é como a natureza, como a árvore, o castanheiro e a laranjeira, do mesmo modo que Jules retira sua energia e vontade do vulcão e da floresta. Ou como Sanseverina que readquire forças junto aos lagos e Hélène junto à brisa da noite. O recurso ao simulacro acentua ainda mais a propensão do herói stendhaliano à virtude primitiva, pura, distante de qualquer contaminação civilizatória. Somente as individualidades realmente naturais se podem mirar na natureza e nela se reconhecer e se descobrir. O homem civilizado, ao contrário, e como bem notou Sanseverina, age mais como filisteu ou Narciso.

Fabrice, entretanto, pode triunfar sobre os demais não apenas em razão das virtudes que emergem de sua interioridade. Enquanto os heróis das *Crônicas* percorrem universos, enfrentam inimigos e transpõem obstáculos na mais profunda solidão, o protagonista da *Cartuxa* conta com braços e mentes alheios que, atuando como colaboradores, elevam a energia e o natural do *marchesino* ao paroxismo. É precisamente em virtude desse elemento novo e inexistente nas novelas que é possível assinalar uma alteração na estrutura ética do quadro italiano de Stendhal. O fato de existir nas individualidades heróicas das *Crônicas* uma certa verossimilhança, resultado da atmosfera histórica na qual estão mergulhadas as personagens, não significa prontamente sua viabilidade. A Stendhal era necessário encontrar uma espécie de trégua entre o natural e o social, para que o primeiro definitivamente se mostrasse fulgurante e indispensável a todos os homens. Embora sempre fiel à postura que lhe fizera estabelecer distinções determinantes entre Norte e Sul, era essencial ao romancista que a corte de Parma se comovesse, em sinal de aceitação e cumplicidade sutis, com a figura sóbria e melancólica, pura e ingênua de Fabrice. Era-lhe igualmente primordial delinear em uma outro personagem a evolução para a qual convergeria um caráter natural, o *pathos* totêmico dos italianos: tal figura estaria ao mesmo tempo de posse do *ethos*, em um perfeita união entre espontaneidade e sociabilização. Mosca della Rovere vem corresponder precisamente a esse quadro: o apaixonado por Sanseverina e o ministro de Ranuce-Ernest IV é, na verdade, a mais verossímil das personagens stendhalianas, um Jules Branciforte mais prudente, um Fabrice del Dongo menos ingênuo. Mas, à ousadia, à ingenuidade, ao natural e a tantas outras virtudes peninsulares (também por ele expressas), Della Rovere une prudência e astúcia, que significam e traduzem flexibilidade no manipular as regras do social sem se deixar macular, ou corromper. Sem perder de vista, enfim, o aspecto passional de sua interioridade. Apesar de todos os temas desenvolvidos ao longo das *Crônicas* estarem presentes na intriga do último romance de Stendhal, parece que o romancista alcançou um amadurecimento de sua ética do natural ou de sua noção de italianidade ao introduzir novas coordenadas à narrativa.

Nesse sentido, o conjunto de pequenas e curtas histórias conhecido pelo nome de *Crônicas italianas*, completado pela intriga de *A cartuxa de Parma*, poderia *a posteriori* muito auxiliar na compreensão da espiritualidade de Stendhal, e mesmo de sua noção de cultura expressa em suas outras produções literárias não-italianas. Como disse Alain, Stendhal é um autor para ser retomado de tempos em tempos, no que Baudelaire parece concordar ao afirmar que ele provocava e levava à meditação...

"*To the happy few*".

Vista da cartuxa no tempo de Stendhal. Quadro de Bottini.

REFERÊNCIAS BIBLIOGRÁFICAS

TEXTOS DE HENRI BEYLE (STENDHAL)

Promenades dans Rome. Paris: Calmann-Lévy, s. d.
Histoire de la peinture en Italie. Paris: Michel-Lévy Frères Libraires Editeurs, 1868.
Racine et Shakespeare. Paris: Honoré Champion, 1925.
Journal. Paris: Le Divan, 1938.
Le rouge et le noir. Paris: Aubier, 1943.
La chartreuse de Parme. Texte établi par Henri Martineau. Paris: Gamier, 1949.
A cartuxa de Parma. Trad. José Geraldo Vieira. São Paulo: Difusão Européia do Livro, 1961.
Armance. Paris: Garnier, 1950.
Romans et nouvelles. Texte établi et annoté par Henri Martineau, Paris: Gallimard, 1952a.
Chroniques italiennes. In: _____. *Romans et nouvelles*. Texte établi et annoté par Henri Martineau. Paris: Gallimard, 1952b.
Lamiel. Paris: Gallimard, 1952c.
Vie de Napoléon. Paris: Gallimard, 1952d.
Chroniques italiennes. Paris: Gallimard, 1964a.
Crônicas italianas. Trad. Sebastião Uchoa Leite. São Paulo: Edusp, 1947.
Rome, Naples et Florence. Paris: Julliard, 1964b.
Do amor. Lisboa: Editorial Presença, 1959.
De l'Amour. Paris: Garnier-Flammarion, 1965.
Le romantisme dans les arts. Textes réunis et présentés par Juliusz Starzinski. Paris: Hermann, 1966.

Le rouge et le noir. Paris: Librairie Générale Française, 1972.
Vie de Henry Brulard. Paris: Gallimard, 1973.
De l'Amour. Paris: Gallimard, 1980.

CRÍTICA STENDHALIANA

Livros

ATTUEL, J. *Le Style de stendhal*: efficacité romanesque. Paris: s. n., s. d.
BARDECHE, M. *Stendhal romancier*. Paris: La Table Ronde, 1947.
BERTELÀ, M. *Stendhal et l'autre*: l'homme et l'oeuvre à travers l'idée de feminité. Florença: Leo Olschki Editore, 1985.
BOSSELAERS, R. *Stendhal pélerin do bonheur*. Lille: Librairie René Giard, 1975.
CARACCIO, A. *Stendhal*: l'homme et l'oeuvre. Paris: Boivin & Cia, 1952.
CROUZET, M. *Stendhal et le langage*. Paris: Gallimard, 1981.
_____. *Stendhal et l'italianité*. Paris: José Corti, 1982.
_____. *Le naturel, la grâce et le réel dans la poétique de Stendhal*. Paris: Flammarion, 1983a.
_____. *La poétique de Stendhal*. Paris: Flammarion, 1983b.
_____. *Nature et société chez Stendhal*. Lille: Presses Universitaires de Lille, 1985.
DÉDÉYAN, C. *Stendhal et les* Chroniques italiennes. Paris: Didier, 1952.
_____. *L'Italie dans l'oeuvre romanesque de Stendhal*. Paris: Société d'Edition d'Enseignement Supérieur, 1963.
DELACROIX, H. *La psychologie de Stendhal*. Paris: Félix Aran, 1918.
HEMMINGS, F. W. *Stendhal: a study of his novels*. Oxford: Clarendon Press, 1964.
LANDRY, F. *L'imaginaire chez Stendhal*. Lausanne: Editions L'Age d'Homme, 1982.
MARILL-ALBÉRÈS, F. *Le naturel chez Stendhal*. Paris: Nizet, 1952.
MARTINEAU, H. *Le coeur de Stendhal*. Paris: Albin Michel, 1952.
NOVATI, F. *Stendhal e l'anima italiana*. Milano: Casa Editrice Cogliati, 1915.
RICHARD, J.-P. *Littérature et sensation*: Stendhal-Flaubert. Paris: Seuil, 1954.
RINGGER, K. *L'Ame et la page*. Aran: Grand-Chêne, 1982.
SABATIER, P. *Esquisse de la morale de Stendhal*. Aran: Grand-Chêne, 1973.
SOLLERS, P. *La guerre du goût*. Paris: Gallimard, 1996.

STAROBINSKI, J. *L'oeil vivant*: Stendhal pseudonyme. Paris: Gallimard, 1961.
TROMPEO, P. P. *Incontri di Stendhal*. Napoli: Edizioni Scientifiche Italiane, 1963.
WEBER, J.-P. *Stendhal: les structures thématiques de l'ouvre et du destin*. Paris: Société d'Édition d'Enseignement Supérieur, 1969.

Periódicos e Colóquios

COLLOQUE DE CÉRISY-LA-SALLE (30 juin/1° juillet 1982). Paris: Aux Amateurs de Livres, 1984.
    COE, R. "La frivolité de Stendhal".
    DELABRAY, J. "*La Chartreuse de Parme* ou le problème de la position morale".
    RANNAUD, G. "Le naturel et ses équivoques".

LA CREATION ROMANESQUE CHEZ STENDHAL. XIV Congrès International Stendhalien (26-29 avril 1983). Genève: Droz, 1985.
    DEL LITTO, V. "L'abbesse de Castro ou de l'Imagination".
    ERMAN, M. "Stendhal et Proust: l'imaginaire de l'amour et l'écriture".
    MECHTHILD, A. "La comunication non-verbale: procédé de création littéraire dans les Chroniques italiennes".

EDITIONS DU STENDHAL CLUB. Genève: Slatkine Reprints, 1974.
    MÉRIMÉE, P. "Notes et souvenir".

EUROPE. "Stendhal", n. juillet-août-sept. Paris: Editeurs Français Réunis, 1972.

ETUDES DE LETTRES. "Actes du Colloque sur Stendhal", n.3. Lausanne: Revue de la Faculté de Lettres, 1983.

JOURNEES STENDHALIENNES DE GRENOBLE (26-28 mai 1955). Paris: Le Divan, 1956.
    JOURDA, P. "L'art du récit dans les *Chroniques italiennes*".

LITTERATURE. Revue Trimestrielle. Paris: Larousse.
    BELLEMIN-NOËL. "Le motif des orangers dans la Chartreuse de Parme", n.5, février 1972.
    DIDIER, B. "Stendhal chroniqueur", n.5, février 1972.
    HIRSCH, M. "Fabrice ou la poétique du nuage", n.23, octobre 1976.

PREMIERE JOURNEE DU STENDHAL CLUB. Aran: Grand-Chêne, 1965.
    COE, R. "Quelques réflexions sur Stendhal paysagiste".

QUADERNI DI CULTURA FRANCESE, n.23, Roma: Edizione di Storia e Letteratura, 1985.
    MECHTHILD, A. "Le dollar et le bajoc: la fonction de l'argent dans les *Chroniques italiennes*".
    CROUZET, M. "Stendhal et le coup de poignard".
    DI MAIO, M. "Interno di un racconto: l'Abbesse de Castro".
    IMBERT, H.-F. "*Les Chroniques italiennes*: une expérience d'écriture beyliste".
    SCAIOLA, A. M. "Ce qu'il y a de plus terrible et de plus doux: Béatrice Cenci".
    WEIAND, C. "Abbesse de Castro et Lamiel ou le dépassement de l'italianité".

QUINZAINE LITTERAIRE. Paris: Larousse.
    FINAS, L. "La permanence de Rousseau chez StendhaL", n.453, 1985.

REVUE D'HISTOIRE LITTERAIRE DE LA FRANCE. Paris: Armand Colin.
    HAMM, J.-J. "Un laboratoire stendhalien: les *Chroniques italiennes*", n.2, 1984.
    "Stendhal". n.22, 1984.

REVUE DES SCIENCES HUMAINES. Lille: Faculté de Lettres et Sciences Humaines.
    CROUZET, M. "Misanthropie et vertu. Stendhal et le problème républicain", n.125, 1967.

ROMANISCHE FORSCHUNGEN
    BAUER, R. "Julien et Julie ou le problème du bonheur chez Rousseau et Stendhal", v.LIX, 1950.

STENDHAL: L'ECRIVAIN, LA SOCIETE, LE POUVOIR. Colloque du Bicentenaire, Grenoble: Presses Universitaires, 1984.
    DIDIER, B. "Pouvoirs et énergies dans l'Abbesse de Castro".

STENDHAL/BALZAC: REALISME ET CINEMA. Textes réunis par Victor del Litto, Grenoble: Presses Universitaíres, 1978.
    BOLL-JOHANSEN, H. "Stendhal et la notion de Mimesis".
    DIDIER, B. "Les objets dans les *Chroniques italiennes*".
    FISCHER, J. O. "Procédés de typisation réaliste chez Stendhal".
    TAYLOR, M. E. "Les métamorphoses des héros stendhaliens".
    WAKEFIELD, D. "Le rôle du portrait dans les romans de Stendhal".

STENDHAL CLUB. Genève: Droz.
  BERTHIER, P. "Topo-Energétique de l'Abbesse de Castro", n.110, janvier 1986.
  CHANTREAU, A. "La découverte de l'énergie, la création du mythe du rouge", n.110, janvier 1986.
  COLESANTI, M. "Stendhal et l'Energie romaine", n.110, janvier 1986.
  LEDERER, H. "Un cas difficile: Stendhal vu par la psychocritique", n.97, 1982.
  MOYA, L. "Mensonge et vérité: les paradoxes de l'infidelité dans l'oeuvre romanesque de Stendhal", n.114, 1987.
  SHIELDS, J. "Si fata sinant ou la vertu de la virtualité", n.110, 1986.
  VERCOLLIER, C. "La parole assassine: le dialogue dans l'Abbesse de Castro", n.2, 1987.

STENDHAL ET LE ROMANTISME, Actes du XV Congrès International de Mayence– 1982. Aran: Grand- Chêne, 1984.
  ARROUS, M. "Esthétique du fragment dans le récit de voyage de Stendhal".
  BAILDE, J.-M. "Masques et fêtes chez Stendhal. Contribution à l'étude d'une sensibilité artistique".
  CROUZET, M. "Stendhal, bon européen. Romantisme et nations".
  IMBERT, H.-F. "Stendhal, romantisme, romantiques".
  ZALIS, H. "Stendhal et l'aveu romantique".

STUDI PETRARCHESCHI. Bologna: Libreria Editrice Minerva.
  CORDIE, C. "Il Petrarca e il Petrarchismo nelle Testimonianze di Stendhalll, v.IV.

OBRAS SOBRE O SÉCULO XVIII

STAROBINSKI, J. *L'Invention de la liberté*. Genève: Skira, 1964.
_____. *Emblemas da razão*. São Paulo: Companhia das Letras, 1986.

TEXTOS SETECENTISTAS

BURKE, E. A Philosophical Inquiry into the Origin of our Ideas of the Sublime and Beautiful. In: *The Works of Edmund Burke*. London: G. Bell & Sons, 1913.
DIDEROT, D. Le neveu de Rameau. In: *Oeuvres choisies*. Paris: C. Reinwald Libraire Editeur, 1884.

HÉLVETIUS. *Do espírito*. São Paulo: Abril Cultural, 1984.
HOBBES. *De la nature humaine*. Paris: Vrin, 1971.
LACLOS, C. *Les liaisons dangereuses*. Paris: Mercure de France, 1914.
MONTESQUIEU. Essai sur le goût. In: _____. *Oeuvres complètes*. Paris: Hachette, 1889.
ROUSSEAU, J.-J. Carta a d'Alembert sobre os espetáculos. In: *Obras*. Rio de Janeiro: Biblioteca dos Séculos, Globo, 1958.
_____. Mélanges de littérature et de morale: discours sur la vertu du Héros. In: *Oeuvres complètes*. Paris: Gallimard, 1964. v.2.
_____. *Discurso sobre as Ciências e as Artes*. São Paulo: Abril Cultural, 1978.
_____. *Discurso sobre a origem e fundamentos da desigualdade entre os Homens*. São Paulo: Abril Cultural, 1978.

OBRAS SOBRE HISTÓRIA E FILOSOFIA DO RENASCIMENTO

ARIÈS, P. et al. *Histoire de la vie privée*. Paris: Seuil, 1986. v.II.
BURCKHARDT, J. *La cultura del Renacimiento en Italia*. Madrid: Editorial Escelier, 1941.
BOSCO, U. Petrarca y el Renacimiento. In: *Estudio en el sexto centenario de su muerte*. La Plata: Universidad de la Plata, 1975.
CASSIRER, E. *Individu et cosmos dans la philosophie de la Renaissance*. Paris: Minuit, 1983.
DUBY, G. *Idade Média, idade dos homens*: do amor e outros ensaios. São Paulo: Companhia das Letras, 1989.
FRANCASTEL, P. La fête mythologique. *Revue d'Esthétique (Paris)*, 1952.
GARIN, E. *O Renascimento*: história de uma revolução cultural. Porto: Livraria Telos Editora, 1964.
_____. *Moyen Age et Renaissance*. Paris: Gallimard, 1969.
_____. *Del Rinascimento al Illuminismo*. Pisa: s. n., 1970.
_____. *Ciencia y vida civil nel Renacimiento Italiano*. Caracas: Edición de la Biblioteca de la Universidad de Venezuela, 1972.
_____. *L'educazione umanistica in Italia*. Bari: Laterza, 1975.
_____. *L'Umanesimo Italiano*: Filosofia e vita civile nel Rinascimento. Bari: Laterza, 1975.
GENTILE, G. *Il pensiero del Rinascimento*. Florença: Valechi Editore, 1920.
GENTILE, G. *Studi sul Rinascimento*. Firenzi: Sansoni, 1936.
HUIZINGA, J. *O declínio da Idade Média*. São Paulo: Edusp, 1978.

KRISTELLER, P. O. *The Renaissance Philosophy of Man*. Chicago: Phoenix Books, 1956.
LARIVAILLE, P. *A Itália no tempo de Maquiavel*. São Paulo: Companhia das Letras, 1979.
PAPARELLI, G. *Feritas, Humanitas, Divinitas*: l'essenza umanistica del Rinascimento. Nápoles: Guida, 1973.
ROLLAND, R. *A vida de Miguel Ângelo*. Rio de Janeiro: Nova Fronteira, 1976.
TRINKAUS, C. *The Adversity's Noblemen*: The Italian Humanist of Happiness. New York. Columbia University Press, 1940.
_____. *On your image and likeness*: Humanity and Divinity in Italian Humanist thought. London: s. n., 1970.
WEISE, G. *L'ideale eroico del Renascimento*. Nápoles: Edizione Scientifiche Italiene, 1961.

TEXTOS RENASCENTISTAS

ALBERTI, L. B. Fatum et fortuna. In: *Prosatori Latini del Quattrocento*. A cura di Eugenio Garin. Milano: Ricciardi, 1955.
_____. Della famiglia. In: *Opere volgari*. Ed. Grayson. Bari: Laterza, 1966.
_____.Prólogo. In: *Da pintura*. Campinas: Editora da Unicamp, 1989.
BOCCACCIO, G. *Decamerão*. São Paulo: Hemus, 1970.
CASTIGLIONE, B. *Il cortegiano*. Bari: Laterza, s. d.
CELLINI, B. *A vida*. São Paulo: Athena Editora, 1939.
MAQUIAVEL. *Oeuvres complètes*. Texte présenté et annoté par Edmond Barincou. Paris: Gallimard, 1952.
MIRANDOLA, P. della. Oração sobre a dignidade dos homens. In: YOURCENAR, M. *A obra em negro*. Rio de Janeiro: Nova Fronteira, 1981.
PETRARCA, F. L'Ascenzione all'Monte Ventoso. In: *Letteratura Italiana*: Storia e Testi. Milano: Ricciardi, 1952. v.7.
_____. L'ignoranza mia e di tanti altri. In: *Prose*. A cura di G. Martellotti. Milano: Ricciardi, 1952.
SALUTATI, C. *De Nobilitate Legum et Medicinae*. Firenze: s. n., 1943.

CRÍTICA E TEORIA LITERÁRIA EM GERAL

ALBÉRÈS, R.-M. *Histoire du roman moderne*. Paris: Albin Michel, 1962.
AUERBACH, E. *Mimesis*. Paris: Gallimard, 1968.

BARTHES, R. et al. *Literatura e realidade*. Lisboa: Don Quixote, 1984.
CROCE, B. *Filosofia, poesia, storia*. Milano: Ricciardi, s. d.
LES CHEMINS ACTUELS DE LA CRITIQUE. Centre Culturel de Cérisy-la-Salle: Union Générale d'Edition, 1968.
FISCHER, J. O. *Époque romantique et réalisme*. Prague: Université Carlos IV, 1977.
GENETTE, G. *Figures*. Paris: Seuil, 1966.
GIARD, R. *Mensonge romantique et vérité romanesque*. Paris: Grasset, 1961.
KRISTEVA, J. *História de amor*. Rio de Janeiro: Paz e Terra, 1988.
LAVAGETTO, M. La Tracia di Ariosto. In: *Quaderni di Cultura Francese*, n.23, Roma: Edizione di Storia e Letteratura, 1985.
LUKÁCS, G. A polêmica entre Balzac e Stendhal. In: *Ensaios sobre Literatura*. Rio de Janeiro: Civilização Brasileira, 1965.
MARCHI, G. *Il mito di Roma in Francia*. Roma: Balzone Editore, 1978.
PICCO, F. L'Italie de Maupassant. In: *Mélanges H. Hauvette*. Paris: Presses Universitaires, 1934.
PICHOIS, C. *La littérature comparée*. Paris: Armand Colin, 1967.
SCHOENING, U. Romantisme et illusion. In: *Stendhal et le romantisme*. Actes du XV Congrès International de Mayence-l982. Aran: Grand-Chêne, 1984.
STAROBINSKI, J. *L'oeil vivant*. Paris: Gallimard, 1961.
WELLEK, R. *História da crítica moderna*. São Paulo: Herder, 1967.

OBRAS OITOCENTISTAS

ALAIN. *Propos d'un Normand*. Paris: Gallimard, 1959.
BALZAC, H. *Correspondances*. Paris: Garnier, 1964.
_____. *Étude sur la* Chartreuse de Parme de Monsieur Beyle. Paris: Climats, 1989.
BAUDELAIRE, C. *L'art romantique*. Paris: Conard Editeur, 1917.
PROUST, M. *Contre Sainte-Beuve*. Paris: Gallimard, 1954.
TAINE, H. *De l'Intelligence*. Paris: Hachette, 1870.
_____. *Histoire de la Littérature anglaise*. Paris: Hachette, 1911.
_____. *Filosofia del arte*. Buenos Aires: El Ateneo, 1946.
ZOLA, E. *Le roman expérimental*. Paris: Flammarion, 1970.
_____. *Do romance*. São Paulo: Edusp, 1995.

SOBRE O LIVRO

Formato: 14 x 21 cm
Mancha: 23 x 43 paicas
Tipologia: Classical Garamond 10/13
Papel: Offset 75 g/m² (miolo)
Cartão Supremo 250 g/m² (capa)
1ª edição: 2003

EQUIPE DE REALIZAÇÃO

Coordenação Geral
Sidnei Simonelli

Produção Gráfica
Anderson Nobara

Edição de Texto
Nelson Luís Barbosa (Assistente Editorial)
Nelson Luís Barbosa (Preparação de Original)
Carlos Villarruel (Revisão)

Editoração Eletrônica
Lourdes Guacira da Silva Simonelli (Supervisão)
Plano Editoração (Diagramação)

Impressão e Acabamento
na Gráfica Imprensa da Fé